KB040181

미디어 씹어먹기

브룩 글래드스톤 글 | 조시 뉴펠드 그림 | 권혁 옮김

이 책에 수록된
실제 인물들의 말은 역사적인
문서와 기록, 인터뷰에서
가져온 것입니다.
생략부호는 잠시 말이
끊어졌거나 편집되었다는 것을
나타냅니다. 인용된 내용이
맥락을 벗어나지 않도록
세심한 주의를 기울였습니다.

THE INFLUENCING MACHINE:
Brooke Gladstone on the Media by Brooke Gladstone
illustrated by Josh Neufeld

Copyright © 2011 by Brooke Gladstone and Josh Neufeld
With additional penciling by Randy Jones and Susann Ferris-Jones
All rights reserved.

This Korean edition was published by DoddleSaeghim Publishing Co. in 2012
by arrangement with Sterling Lord Literistic, Inc. through KCC(Korea Copyright
Center Inc.), Seoul.

이 책은 (주)한국저작권센터(KCC)를 통한 저작권자와의 독점계약으로 돋을새김에서 출간되었습니다.
저작권법에 의해 한국 내에서 보호를 받는 저작물이므로 무단전재와 복제를 금합니다.

미디어 씹어먹기

초판 발행 2012년 3월 12일

지은이 | 브룩 글래드스톤 일러스트 | 조시 뉴펠드
옮긴이 | 권혁

발행인 | 권오현 부사장 | 임춘실
기획 | 이헌석 편집 | 노선혜 · 김설아 · 김가영 디자인 | 안수진 마케팅 | 김영훈 · 강동근

펴낸곳 | 돋을새김
주소 | 서울시 종로구 이화동 27-2 부광빌딩 402호
전화 | 02-745-1854~5 팩스 | 02-745-1856
홈페이지 | http://blog.naver.com/doduls 전자우편 | doduls@naver.com
등록 | 1997.12.15. 제300-1997-140호
인쇄 | 금강인쇄(주)(02-852-1051) 용지 | 신승지류유통(주)(02-2270-4900)

ISBN 978-89-6167-087-6 (03300)
Korean Translation Copyright © 2012, 권혁

값 15,000원

*잘못된 책은 구입하신 서점에서 바꿔드립니다.

저자를
만나
보시죠

저는 브룩 글래드스톤이고, 기자입니다.

안녕하세요, 브룩.

저는 캐묻는 걸 좋아하죠. 특히 중요한 얘기를 좋아합니다. 가끔은 복잡한 이야기나 은밀한 이야기도 좋아하죠.

심지어 큰 소리로 외치는 것까지 좋아합니다. 어쩔 수가 없어요. 저는 라디오 보도 기자거든요.

얘기를 다 듣고 나서, 그들이 허락하면, 다른 사람들에게 전부 전해주죠.

저에겐 강박적인 충동이 있습니다.

그것에 대해 말씀해주시죠.

그보다 먼저 내 친구의 대학 시절 꿈 얘기를 들려드릴게요.

그러시죠.

꿈에 아주 시끄러운 소리가 들려왔답니다. 거리에서 시위가 벌어진 거죠.

그래서 친구는 창밖을 내다보았다는군요. 그게 전부입니다. 그는 오로지 지켜보기만 했습니다.

지켜보는 걸 좋아했나보죠?

지켜보기만 하던 그 순간 자기가 기자라는 걸 실감했다고 합니다. 나중에 그는 퓰리처상을 받았죠.

애나 퀸들런*도 퓰리처상을 받았죠. 언젠가 그녀는 '기자로 살아간다는 건 직무기술서만큼 분석적이어야 한다는 것'이라고 했습니다. 누구에게나 다 적용될 수는 없겠지만….

아까 말씀하신 강박적 충동은 뭐죠?

* 작가. 전 〈뉴욕타임스〉 칼럼니스트. 〈뉴스위크〉 기고가.

그러니까, 남들에게 이야기를 전해주지 못하면 어쩔 줄 몰라 안절부절못한다는 거죠. 무슨 말인지 이해하시겠어요?

글쎄요….

쌍둥이 빌딩이 무너졌을 때와 같은 경우인데…. 방송국이 그 근처에 있어서 대피를 해야만 했죠.

제가 진행하던 방송은 일주일 동안 중단되었습니다.

그래서 그 사건을 보도할 수 없었어요. 다른 사람들에게 설명해 줄 수가 없었던 거예요. 그래서 나 자신에게도 설명할 수가 없었답니다. 머리가 터져버릴 지경이었죠.

하지만 제 어머니가 돌아가셨을 때….

저는 그 과정을 모두 기록했습니다.

저에겐 그러는 것이 위로가 되었죠.

저는 미디어의 제작을, 이렇게 지켜보고 기록하고 알리는 것이라고 이해하고 있습니다. 하지만 뉴스 미디어의 소비에 대해선 어떻게 이해해야 할까요?

우리는 객관성을 갈망하지만, 마치 달콤한 칵테일을 마시듯 점점 더 '뉴스'를 아무런 비판 없이 받아들이고 있습니다. 별다른 고민 없이 이해할 수 있도록 이런저런 사실과 견해만으로 적절히 버무려놓은 전문가들의 의견에 길들여져 있는 거죠.

가끔은 그런 방식에 대해 약간의 메스꺼움을 느끼기도 하고, 그 메스꺼움을 미디어에 되돌려주기도 합니다.

하지만 우연히 전혀 다른 사람들의 미디어와 마주치기 전까지는 그다지 불안해하지 않습니다. 그 사람들은 거짓말을 소비합니다. 그래서 점점 더 거짓말에 빠져들고, 결국 그들이 선택한 미디어가 그들을 바보로 만들어버리게 되죠.

만약 우리가 선택한 미디어가 우리를 바보로 만든다면 어떻게 될까요? 주의를 기울여 집중할 시간을 빼앗고, 우리의 욕망만을 자극하고, 우리의 가치관을 훼손하고, 우리의 판단을 흐리게 한다면 어떻게 될까요?

지난 25년가량 미디어를 주제로 방송해왔지만, 언뜻 보기에도 좋았던 시절은 전혀 없었습니다. 미디어의 소유 집중, 흐리멍텅해진 뉴스와 해설들, 24시간 주기의 뉴스를 담기 위해 아가리를 벌리고 있는 기사 지면(그 안에는 이빨이 있죠!)… 난도질당하는 지역 기사… 뒤틀린 해외 기사… 진보적 편견… 보수적 편견… 유명인사들… 스캔들… 반향실 효과*… 오만함… 엘리트주의… 뚜렷한 기준이 없는 블로거들….

나는 우리의 가장 소중한 언론 단체들이 허무하게 사라지는 것을 지켜보고 있습니다. 일반 대중에게 의존해왔던 미디어의 수익 모델은 이제 수백만 명의 특정한 독자들을 끌어모아 생존하는 형태로 급속도로 대체되고 있습니다.

이제 핸드폰이 있는 사람이라면 누구나 뉴스를 만들고, 퍼 나르고, 날조해낼 수도 있습니다. 이런 현실은 우리 문화와 저널리즘의 근간을 송두리째 뒤흔들고 있습니다. 한때 막강했던 게이트키퍼**들은 이제 두려움에 싸인 시선으로, 명백하게 비전문적인 웹사이트들이 순진한 아이디를 앞세워 악의적인 거짓말을 일삼으며 미디어의 영역으로 몰려들고 있는 것을 지켜보고 있을 뿐입니다.

정말 두렵군요. 다 끝나버릴 때까지 지켜보기만 할 수는 없을 것 같아요.

* 같은 성향을 띤 사람들과만 정보를 교환하고 의견을 나누는 현상.
** 언론기관이나 언론인에 대한 별칭. 뉴스나 정보가 유출되는 관문을 지키며 그것을 통제하는 사람이라는 뜻.

미디어를 어지럽히고 있는 이러한 격변들이
종말의 전조라고는 믿지 **않습니다.**

우리는 과거에도 무례함과 어리석음과 헛된 집착으로 잘못된 비즈니스 모델에 매달렸던 적이 있었습니다. 사실 지금보다 훨씬 더 열악했지만 언론계는 생존했죠.

아이러니한 것은 미디어에 더 많은 사람들이 참여할수록 더욱더 미디어를 혐오하게 된다는 것입니다. 참여가 많아질수록 미디어가 지배한다는 피해망상증은 더 커지게 됩니다.

하지만 나는 수없이 많은 파국과 선거들, 정치적 교착 상태, 도덕적 공황 그리고 여러 번의 전쟁을 취재하는 저널리스트들을 지켜봤습니다. 뉴스의 지배적인 쟁점들을 중심으로 대중의 여론이 모이는 것도 확인했죠. 그러니 통제받는 사람은 아무도 없다고 말씀드릴 수 있습니다.

음모 같은 것은 어디에도 없습니다. 비록 대부분의 미디어를 기업이 소유하고 있지만 그들은 제일 먼저 대중에게 충성을 다합니다. 그러한 충성심을 버리면, 돈을 벌 수 없게 되기 때문입니다.

때로는 보도기관이 대중을 이끌어가고, 때로는 대중이 보도기관을 이끌어가기도 하죠. 적어도 주류 미디어는 너무 멀리 앞서 나가려 하지 않습니다. 그저 뒤처지지 않기만을 바라고 있을 뿐이죠.

음모가 있는 것 같다구요? 그건 농담일 뿐이에요.

비겁하다구요? 그다지 재미있진 않군요.

언젠가 우연히 중국의 고위직 언론인들이 시끄럽게 떠드는 소리를 들은 적이 있습니다. 그들은 미국의 뉴스매체들이 부시 행정부와 이라크 전쟁을 다룰 때 일부러 비판의 수위를 낮추었다면서 몇 가지 예를 들더군요. 그러면서 그것이 바로 미국의 미디어들이 정부를 두려워하는 증거라고 했습니다.

나는 허무맹랑한 소리라고 대답해줬습니다. 미디어는 정부를 두려워하지 않습니다. 그들은 독자와 광고주를 두려워합니다. 미디어는 여러분을 통제하지 않습니다. 오히려 적극적으로 여러분의 마음에 들기 위해 노력합니다.

이렇게 해서 이 책의
중심적인 은유인…

인플루언싱 머신을
만나게 되었군요.

인플루언싱 머신 "최초의 환자"

산업시대 이후로 사악한 기계가 우리의 정신을 지배한다는 망상이 발생하곤 했습니다.

최초의 사례는 프랑스의 루이 16세와 마리 앙투아네트가 참수되고 4년이 지난 후, 영국에서 발생했죠.

1796년 12월 30일, 영국 하원. 차 무역상인 제임스 틸리 매슈스는 프랑스에 대한 전쟁 선포로 이어지고 있던 토론을 중단시키기로 결심했습니다.

…그러므로 프랑스는 평화에 아무 관심도 없습니다.

숨을 못 쉬겠어… 생각도 할 수 없어… 에어룸이… 오염시켰어… 말해야 돼… 제임스… 말해!… 지금!

반역이다!

?

잠시 후…

쯧쯧, 또 한 명이 정신병원으로 가는군.

자네는 미친 것 같아.

절대 이해할 수 없을 겁니다.

말해 보게.

원하신다면…

시궁창과 개의 악취, 인간의 정액과 말의 방귀 냄새를 연료로 사용하는 악마의 기계가 권력자들의 정신을 지배하고 있습니다.

그 가스들을 섞어 자력을 띠게 한 다음 방출시켜 기괴한 환영에 시달리도록 희생자들을 감염시킵니다. 그들의 꿈과 이성을 뒤죽박죽으로 만들어 전쟁으로 이끌어가는 겁니다.

에어룸이라는 기계죠.

자, 에어룸이 새로운 '가스 과학'을 어떻게 활용하는지 살펴볼까요? 인플루언싱 머신은 언제나 그 시대의 최첨단 과학기술들을 통합시켜 만들어집니다.

기계는 '액체 잠금' 기술로 정치인들의 혀를 얼어붙게 합니다.

'연을 띄워' 그들의 정신 속에 말도 안 되는 생각을 심어놓고 몇 시간 동안 '파동을 일으켜' 다른 생각들을 쫓아냅니다.

…그리고 그들을 죽이기 위해 '바닷가재 열분해'를 실행합니다.

매슈스는 논리적이었지만 에어룸에 대한 믿음만은 확고했죠. 그는 이 기계로 고통받았던 최초의 환자입니다. 이 증후군의 정식 명칭은 아직 없습니다.

"그가 기계를 두드릴 때마다 내 몸은 부서졌어요."

"다이얼을 비틀 때마다 내 머리는 아팠죠."

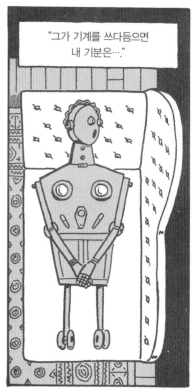

"그가 기계를 쓰다듬으면 내 기분은…"

"어머니도 기계의 지배를 받고 있어요. 친구들도 마찬가지구요. 기계를 볼 수 없기 때문에, 그 사실을 모를 뿐이죠. 더 이상 견딜 수가 없어요. 도망치고 싶어요."

타우스크는 나탈리야의 망상 속에서 정신이 불안정한 사람들을 괴롭히는 한 가지 증후군을 알게 됐죠. 그는 〈정신분열증에서 '인플루언싱 머신'의 기원에 관한 고찰〉이라는 획기적인 논문을 발표합니다.

정신 현상에 나타나는 모든 왜곡의 기저에는 위장된 환상의 출현이나 재출현에 저항하여 의식적으로 자아를 보호하려는 방어적 심리 과정이 있다.

이 환자는 자신이 그 기계 속에 갇혀 있다는 것을 인정하지 않으려 했다. 자기 방어를 위해 기계의 인간적인 특징들을 모두 제거했다. 망상 속에서 인간적인 외형이 사라질수록 자신이 그 안에 있다는 것을 인정하지 않게 되는 것이다.

짧은 치료 과정을 거치며 나탈리야는 기계의 '부속품들'이 하나씩 사라지고 있다고 상상했습니다.

그것들이 사라질수록 점점 더 자아를 의식하지 못했으며, 결국 의사의 힘이 미치지 못하는 상태가 되었죠.

타우스크는 이 증후군의 환자들이 잃게 되는 것을 정체성이라는 새로운 개념으로 설명했습니다.

그들은 더 이상 자신이 누구인지 모릅니다.

스스로를 산산조각낸 다음, 인정하고 싶지 않은 그 부끄러운 조각들을 인플루언싱 머신에 투영하는 것입니다.

의식을 지배하는 미디어 기계라는 것은 망상입니다.

우리가 실제로 마주하고 있는 것은 거울입니다. 유령의 집에 설치되어 있는 강렬하고, 퇴폐적이며, 지루하고 또 초현실적인 거울이죠.

사실 미디어는 복수명사입니다. 그러니 우리는 혼란스러운 온갖 거울들을 마주하고 있는 셈입니다.

거울들은 제대로 정비되어 있지 않습니다. 흐리멍텅하거나 깨져서 금이 가 있죠. 하지만 여러분의 모습이 그곳 어딘가에 비춰져 있고, (여러분이 싫어하는 인물들을 포함한) 모든 사람들이 그곳에 비춰지고 있습니다.

미디어 동네의 풍경은 서로 마주 보고 있는 거울들로 인해 매우 혼란스럽습니다. 그래서 어떤 이미지가 어디에서 시작되어 어디에서 끝나는 것인지 알아차릴 수도 없습니다.

그런데, 그 혼란은 앞으로 더욱 악화될 것입니다. 가까운 미래에 우리는 정보기술을 손에 쥐고 다닐 뿐만 아니라, 몸 안에 이식하는 형태로 지니게 될 것이기 때문이죠.

허튼 소리가 아닙니다. MIT 미디어 연구소에 근무하는 열광적인 컴퓨터 공학자들이나 인터넷 설문 조사 업체인 Pew(퓨)의 조사에 참여했던 괴짜들에게 물어보세요.

현재 우리는 과학기술의 웜홀wormhole을 성큼성큼 통과해나가는 중이며, 마침내 반대편으로 빠져나가게 되었을 때 우리의 생각은 매끄럽게 가상공간으로 넘쳐흘러 세상 모든 곳의 사람들에게 영향을 끼칠 수도 있을 것입니다.

그러므로 미디어 거울에 왜곡되어 나타나는 우리 자신을 보게 되었을 때, 그중 일부는 실질적인 우리의 모습일 수도 있다고 생각해야 할 것입니다.

우리는 미디어가 제공하는 유명 인사들의 이야기에 빠져듭니다. 또한 멋진 자동차 추격전도 즐기죠.

게다가 우리의 견해를 거침없이 전해주는 평론가의 속 시원한 논설도 있습니다. 그런 은밀한 즐거움을 누리지 않으려는 사람이 있을까요?

1922년 월터 리프먼*은 이렇게 말했습니다.

"자신이 했던 일만 아는 사람의 말을 듣고, 그 말에 진정한 진실이 담겨 있다고 남에게 전해본 저기 없는 사람만 돌을 던져라."

"현실의 환경은 직접적으로 알기에는 너무 크고 복잡하며 또 너무 빨리 지나가버리기 때문이다."

"우리는 그런 환경 속에서 활동해야 하지만, 그것을 잘 다룰 수 있도록 더 단순한 모델로 재구성해야만 한다."

지금은 다양한 미디어 자원들을 즉시 활용할 수 있으므로 사건들에 대한 간접적인 설명 이상의 것도 찾아볼 수 있습니다.

세계관을 어느 정도까지 단순화시킬 것인지 선택할 수 있게 된 거죠.

어떤 보도가 모순되거나 혼란스러울 때, 우리는 원본 문서를 읽어보거나 미심쩍은 정보원情報源을 추적해보거나…

익숙한 곳에서 벗어나 현명한 견해들을 찾아보기도 하죠.

그건 위험이 따르는 일입니다. 존 듀이가 말했듯이 "위험에 빠진 세계의 어떤 지역에 대해 생각하기 시작한 사람들"처럼 위험하죠.

하지만, 언젠가 스파이더맨이 (삼촌 벤의 말을 인용해) 말했듯이 "뛰어난 권력에는 그만큼의 책임이 따르는 것입니다."

*퓰리처상을 수상한 미국의 평론가이자 칼럼니스트.

본격적으로

미디어 씹어먹기

" 태초에 … "

저널리스트는 없었습니다. 하지만 문자가 처음 사용된 수메르, 중국, 이집트 같은 지역에는 홍보담당자가 있었습니다.

고대 과테말라의 경우를 살펴보죠.

우선 마야 왕실은 글쓰기를 발전시키고…

기초적인 홍보물을 만들기 위해 홍보담당자(필경사)들을 고용했습니다.

필경사들은 엄청난 부와 명성을 누렸습니다.
권력자를 위해 일하는 삶은 **감미로웠죠**….

적군에게 잡히기 전까지는 말이죠.
하지만 체포되면 손가락뼈는 산산조
각이 나고 손톱은 뽑히고 인대는 끊
어집니다.

성기와 심장도
제거되죠.

당연한
일입니다.

손가락으로 하는 일은
참 특별하군요.

오랜 시간이 흐르고 읽기와 쓰기가 널리 보급되자, 비범한 인물들이 문자를 이용해 역사를 기술합니다.

그리고 고대의 현명한 통치자들은 잘 다듬어진 **실질적인 뉴스**가 단순한 홍보(PR)보다 더 효과적이라는 것을 알아차립니다.

유레카!

적절한 예: 율리우스 카이사르는 로마 원로원의 활동을 문서로 작성해 게시하라는 법령을 공포하고, 악타 디우르나(일일 의사록)라고 불렀습니다.

ACTA DIVRNA

원로원은 토론과 투표를 비공개로 진행했는데, 카이사르는 그것을 약간만 공개해도 비밀주의가 조성하는 신비한 분위기를 없애버릴 수 있다고 생각했던 것입니다.

더 나아가… 악타 디우르나를 복제하여 로마제국 속주의 통치자들에게 전하자 그들은 수도와 더욱 끈끈한 유대감을 갖게 되었습니다.

런던

비잔티움

로마

타렌툼

페르가몬

카르타고

시라쿠사

아테네

바빌론

뉴스는 **접착제**와 같은 역할을 하여, 광대한 제국을 단단히 결속시켰죠.

키레네

알렉산드리아

에루살렘

악타 디우르나의 초점은 정치적인 내용에서 이혼, 범죄, **주신제**酒神祭등의 사적인 내용으로 옮겨갔습니다.

"Verba volant, scripta manent (베르바 볼란트, 스크립타 마넨트)."*

ACTA DIVRNA
칼리굴라 스캔들

아, 언론의 황금시대여!

* "말은 사라지지만 글은 남는다." 로마 원로원에서, 카이오 티투스.

정보기술의 발달로(구텐베르크, 만세!) 평민들이 정보를 지배하기 시작하자 정보에 대한 권력자들의 열의는 시들어갔습니다.

17세기 무렵, 유럽의 많은 도시민들은 주간지나 일간신문들을 통해 세계의 뉴스를 접하게 되었죠.

하지만 정작 자기 나라의 뉴스는 알 수 없었습니다.

인쇄업체들이 당국의 입맛에 맞게 운영되었기 때문이었죠. 당국은 자기 지역에 대한 보도를 달갑지 않게 생각했거든요.

먼저, 영국은 6년 동안 신문 발행을 금지시켰습니다. 의회는 인쇄되는 모든 기사는 **사전** 승인(허가)을 받아야 한다고 규정했죠. 1644년에 **존 밀턴**은 이렇게 한탄했습니다.

존 밀턴 씨의
· 연설문 ·

사라져버린
인쇄의 자유를 위하여

영국의회에 고함

LONDON 1644

이 나라 안의 모든 지식으로 만든 생활필수품을 옷감이나 양모처럼 검열하고 허가하겠다고 생각해서는 안 됩니다.

이런 억압에 의존하려는 것은 스스로를 억압하라고 명령하는 것과 같다는 믿음을 귀족과 평민 모두 가져야 합니다.

51년 동안 아무도 그의 말에 귀 기울이지 않았죠.

결국 법원이 이전의 금지령을 무효화했지만, 인쇄업자들은 여전히 정부를 비판하는 내용을 발행할 경우 '선동적 명예훼손*'으로 고발되어 파산할 수도 있었습니다.

진실을 전혀 지킬 수 없었습니다. '진실할수록 더 큰 명예훼손이 된다'고 법에 명시되어 있었거든요.

···신성한 권력에 더 큰 위협이 된다는 거였죠.

결국 통치자들은 잉크로 얼룩진 야만인들이 몰려온 다음에야 통제를 포기할 수밖에 없었죠.

* 정부와 관리들의 명예를 손상시키거나 선동적인 성향을 보이는 표현.

미국은 예외였죠

뉴욕의 인쇄업자 존 피터 젱어는 왕이 임명한 총독을 비판하는 인쇄물을 발행하여 선동적 명예훼손으로 고발되었습니다.

그의 변호사인 앤드루 해밀턴은 의외로 진실을 앞세워 변론을 펼쳤습니다.

만약 합당한 정보가 없다는 이유로, 재판관들이 진실을 발행한 사람에게 거짓을 발행한 사람과 똑같이 가혹한 판결을 내린다면 잘못된 판례가 되지 않겠습니까?

해밀턴 씨, 진실은 명예훼손 사건의 증거로 채택되지 않는다는 걸 잘 알고 계실 텐데요.

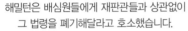

해밀턴은 배심원들에게 재판관들과 상관없이 그 법령을 폐기해달라고 호소했습니다.

지금 심리 중인 이 사건은 불쌍한 인쇄업자를 위한 것이 아닙니다. 이 판결은 영국 정부의 지배를 받고 있는 모든 자유민들에게 영향을 미칠 것입니다.

이것은 자유를 위한 가장 중요한 소송사건입니다.

무죄입니다.

그 후로 식민지 미국에서는 명예훼손을 변호할 때 진실을 활용할 수 있게 되었죠.

영국에서는 108년이 더 필요했습니다.

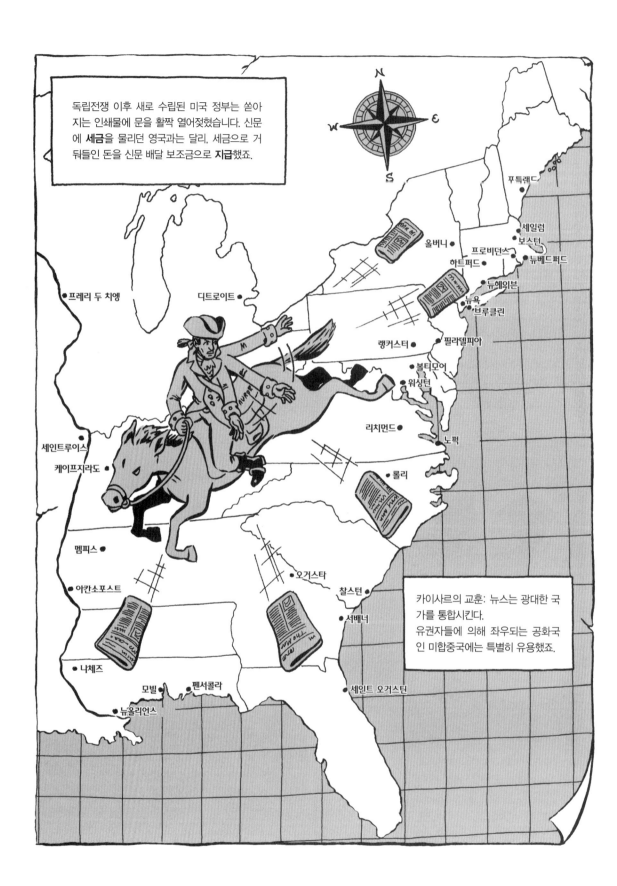

독립전쟁 이후 새로 수립된 미국 정부는 쏟아지는 인쇄물에 문을 활짝 열어젖혔습니다. 신문에 **세금**을 물리던 영국과는 달리, 세금으로 거둬들인 돈을 신문 배달 보조금으로 **지급**했죠.

카이사르의 교훈: 뉴스는 광대한 국가를 통합시킨다.
유권자들에 의해 좌우되는 공화국인 미합중국에는 특별히 유용했죠.

푸틀래드
세일럼
보스턴
올버니
프로비던스
뉴베드퍼드
하트퍼드
뉴헤이븐
뉴욕
브루클린
프레리 두 치엥
디트로이트
랭커스터
필라델피아
볼티모어
워싱턴
리치먼드
노퍽
세인트루이스
케이프지라도
롤리
멤피스
아칸소포스트
오거스타
찰스턴
서배너
나체즈
모빌
펜서콜라
세인트 오거스틴
뉴올리언스

* 18세기 미국의 작가이자 국제적 혁명이론가로 미국 독립전쟁과 프랑스 혁명 때 활약했다.

1798년에 미국은 '프랑스와 선전포고 없는 해전'에 휩쓸렸습니다. 미국 **최초의** 선전포고 없는 전쟁이었죠.

워싱턴은 극심한 공포감에 휩싸였습니다.

애덤스 대통령은 **'재류외국인 및 선동에 관한 법령'**에 서명했습니다.

'위험하다'고 판단되면 누구라도 추방할 수 있다는 내용이었죠.

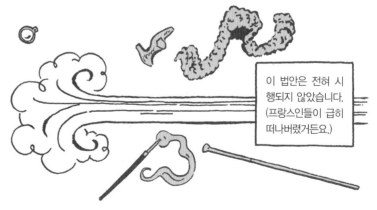

이 법안은 전혀 시행되지 않았습니다. (프랑스인들이 급히 떠나버렸거든요.)

신문들은 애덤스를 맹렬히 공격했죠. 그래서 그는 재선에 도전할 때 선동법을 앞세워 경쟁자인 토머스 제퍼슨 부통령에게 우호적인 편집자들을 감옥에 가두려 했습니다.

제퍼슨의 지원을 받던 어떤 비평가는 애덤스를 '섬뜩한 양면적인 성격'의 인물이라고 했습니다. 애덤스를 지지하는 신문들은 제퍼슨이 근친상간을 즐기는 난봉꾼이라고 분탕질을 했습니다.

이것이 네거티브 선거운동의 기원입니다.

코네티컷 일보
토머스 과부들 강탈!

토머스의 혼혈아

애덤스는 가짜 군주다

진짜 미국
이빨 없는 애덤스

NORFOLK GAZETTE
제퍼슨은 무신론 자코뱅당원

토머스의 혼혈아

Aurora
애덤스는 가짜 군주다

제퍼슨이 대통령에 당선된 후, 이 선동법은 폐기되었습니다.

1799년, 제퍼슨은 이 조치에 대해 이렇게 말했습니다.

우리 시민들은 잠시 거짓에 현혹되어 속아왔습니다. 하지만 언론이 보호를 받을 수 있는 한 우리는 진실을 지키는 그들을 신뢰할 수 있을 것입니다.

하지만 1807년에는 이렇게 말했죠.

신문 기사에서 믿을 수 있는 것은 전혀 없습니다. 그 오염된 매체에 등장하는 순간, 진실 그 자체가 의심을 받게 됩니다.

그에게 무슨 일이 일어났던 걸까요?

토머스 제퍼슨은 1801년에 대통령이 되었습니다.

언론은 대체적으로 대통령을 미워하죠.

흠…. "사람들이 존경해 마지 않는 그가 아주 오랫동안 노예와 내연 관계를 유지해왔으며, 지금도 그 관계를 지속하고 있다는 것은 널리 알려진 사실이다. 그녀의 이름은 샐리이며, 그녀의 큰아들은 톰이다. 톰의 외모는 대통령과 깜짝 놀랄 만큼 닮았다고 한다."

미국의 신문들은 초창기부터 탁월한 분석과 열정적인 주장으로 끓어올랐습니다.

또한 악의에 찬 비난들도 퍼부었습니다. 간혹 옳은 것도 있기는 했죠.

하지만 진실과는 무관했습니다. 거짓을 일삼던 언론인들이 이 나라를 세우는 데 도움이 되었죠.

되돌아보면, 1768년 양조장집 아들이자 〈보스턴 가제트〉지의 편집자였던 새뮤얼 애덤스가 바로 **그런** 부류의 언론인이었죠. 간절히 혁명을 추구하던…

그는 애국심 강한 여성들을 더럽혔다는 영국 병사들의 이야기를 조작해냈습니다.

보스턴 차사건도 꾸며냈죠….

또한 독립반대자들에 대한 폭력을 찬양했습니다.

언론의 관점에서 보면 그는 **전혀 윤리적이지 않았죠.**

제퍼슨도 마찬가지였죠. 조지 워싱턴에 반대하는 국무장관이었던 그는 재무장관 알렉산더 해밀턴이 워싱턴을 지지하는 신문에 재무부의 자금을 지원하고 있다는 사실에 분노했습니다. (당시에는 지금처럼 불법적인 일이 아니었죠.)

그래서 제퍼슨은 국무부의 자금을 **빼돌려** 정책에 반대하는 신문들을 지원했습니다. (전적으로 불법적인 일이죠.)

그는 집무실 문을 열어둔 채 자리를 비워, 자기 측 편집자가 몰래 들어와 책상 위에 놓아둔 보고서들을 읽을 수 있도록 했습니다. 백악관을 불리하게 만드는 왜곡된 기사를 작성할 수 있게 했던 거죠.

제퍼슨은 형사 재판에서 징역형을 받을 만큼 혐오스러운 정치적 기밀 누설을 처음으로 시도한 사람이었을까요?

물론 아닙니다.

조지 워싱턴이 먼저 했거든요.

워싱턴은 각료들과 군장성들에게 술과 식사를 제공하고, 대통령의 정책에 우호적인 기사를 작성하는 기자들에게 정보를 주었죠.

뭐가 문제였을까요? 그는 절대로 거짓말을 하지 않았잖아요.

제퍼슨은 평생 동안, 타락할 권리를 **수호**하면서 '**타락한 상태**'에 빠져 있는 신문에 대해 한탄했습니다.

50여 년간 줄곧 혼탁해 있던 언론의 자유를 겪은 후에도 그는 폭정에 대항할 수 있는 유일한 방어책은 표현의 자유라는 신념을 결코 꺾지 않았죠.

자유로운 언론만이 유일한 안전장치입니다. 자유롭게 표현할 수 있을 때 여론의 힘은 저항을 받지 않을 수 있습니다. 여론이 만들어낸 선동은 감수해야만 합니다. 물을 깨끗하게 유지하기 위해선 그렇게 할 필요가 있어요.

바다 건너편의 정치인들은 선동을 두려워했죠. 그런 흔들림이 정부의 기반을 무너뜨릴 거라고 생각했던 겁니다. 하지만 견고함에는 대가가 있죠.

기반의 상태에 따라 건축물의 높이가 결정됩니다.

고층건물은 견고한 중심축을 따라 쌓아올라가지만, 강풍에 따라 흔들리는 유연성도 갖추고 있습니다. 그와 마찬가지로 제퍼슨의 민주주의는 높이 쌓아가면서도 태풍을 견딜 수 있도록 자유 위에 자유를 쌓아가도록 설계되었습니다. (제퍼슨은 건축가였죠.)

민주주의의 탄력성은 대의정치로 보장됩니다.

민주주의의 내구력은 유권자들이 서로에 대해 알 수 있도록 하고, 자신이 지지하는 지도자를 평가하고 국가의 형편을 판단할 수 있도록 보장한 수정헌법 제1조에서 유래한 것입니다.

의사표현 그 자체는 피할 수 없는 무자비한 바람입니다. 살랑거리는 봄바람처럼 오락가락할 수도 있습니다.

거세거나 날카롭게 혹은 구슬프게 불어올 수도 있지만 멈추게 할 수는 없습니다.

오늘날 우리가 미워하는 미디어의 요소들, 즉 미디어의 부패, 비겁한 종사자들, 권력에 의해 쉽게 이루어지는 조작, 거짓말을 전파하는 잔재주, 분노를 확장시키려는 성향 등은 모두 그들 스스로가 만들어낸 것입니다.

또한 우리가 미디어를 칭찬하면서 요구하는 것들 즉 사실에 입각한 정보와 예리한 분석, 면밀한 조사, 권력을 향한 진실의 표현 등도 모두 미디어에서 비롯된 것입니다.

언제나 그랬습니다.

미국 정부는 외부의 적이든 내부의 적이든 상관없이, 불협화음을 일으키는 의사표현이 위협적이라고 판단되면 호되게 달려들어 공격하죠. 글을 쓸 수 있고 말을 할 수 있는 사람이라면 누구도 이러한 고통에서 자유로울 수 없습니다.

언론은 탄광 속에서 목소리가 제일 큰 카나리아일 뿐입니다.

국가가 치명적인 위협을 받고 있을 때, 정부는 일정한 권리를 유보해야 한다고 합리적으로 주장하며, 많은 시민들이 그것에 동의합니다.

하지만 자유주의자들은 시민의 권리를 유보할 경우, 국가도 그에 상응하는 위협을 받게 된다는 반론을 펼칩니다.

그들은 의사표현이 자유로울 때 우리가 정부의 행위에 대해 알 수 있었던 것뿐만 아니라 우리 자신에 대해 알게 된 것도 주장하고 있는 것입니다.

더 나아가, 의사표현이 자유로울 때 우리 자신에 대해 생각했던 것을 주장하는 것이기도 하죠.

헌법에서는 성마르고 이기적이며 기분에 따라 영웅적인 사람들의 의사표현과, 성마르고 이기적이며 기분에 따라 영웅적인 언론의 의사표현을 전혀 구별하지 않습니다. 실제로 그 둘 사이에는 전혀 차이가 없기 때문이죠. 그리고 이제는 누구나 뒷주머니나 핸드백 속에 잠재적인 언론기관을 가지고 다닙니다. 그것이 있다는 척할 필요조차 없게 됐죠.

그러므로 이제부터 의사표현 억압의 역사를 짧게 살펴보겠습니다.

해피 엔딩이 기다리고 있습니다. 두 걸음 앞으로 나아간 후 한 걸음 물러서거든요. 우리는 실수를 통해 배웁니다. 그리고 깨끗이 잊어버린 다음 다시 배우게 되죠.

실존주의적 고뇌

이봐, 난 그만둘래!

탈영을 유도한 교활한 선동가는 머리카락 한 올도 건드리지 못하면서, 탈영한 순진한 병사를 총살해야만 하는 걸까요?

링컨 정부는 전쟁에 반대하는 약 300개의 신문들을 일시적으로 폐간시켰고, 전보로 오가는 전쟁 전통문도 검열했습니다.

링컨 왕을 왕좌에서 내쫓아라

미국이 제1차 세계대전에 참전하면서 우드로 윌슨은 1917년에 간첩행위 방지법에 서명하여, '전쟁 수행에 해를 끼칠' 수 있는 모든 의사표현을 불법화했죠.

이어서 그는 선동법에도 서명했습니다. 1798년의 법안을 다시 살려낸 거죠. 대통령이나 의회, 국가와 군대, 군복과 전시 공채 등에 대한 불충한 내용을 발행하거나 작성하거나 심지어 **말하는 것조차** 불법이 된 것입니다.

재미있는 사실 한 가지: 미국 정부와 영화 〈76년의 정신〉간의 소송에서 연방 법원은 영화 속의 독립전쟁 관련 부분을 삭제시켰습니다. 영국군의 잔혹 행위를 묘사하여 동맹국인 영국에 대한 지지를 훼손시킨다는 이유였습니다.

영화 제작자는 징역 10년형을 선고받았죠.

1938년, 국회는 반미 행위 하원위원회의 첫 번째 회의를 소집했습니다.

의장인 마틴 다이스가 나치의 선전 단체를 추적할 것으로 예상됐지만…

⋛ 아함∼ ⋚

그는 주로 공산주의자의 뒤를 캤습니다. 483개의 신문, 280개의 노동단체, 보이 스카우트 등이 혐의를 받고 있었습니다.

…셜리 템플*도 포함되어 있었죠.

재향군인회나 지역 상업회의소와 협의 없이는 그 어떤 단체에도 참여해서는 안 된다.

1940년에 프랭클린 루스벨트는 '정부 전복'을 주장할 경우 형사 범죄로 다스린다는 스미스 법안에 서명합니다.

훗날 이 법안은 사회주의자와 공산주의자를 기소하는 데 활용되죠. 마르크스와 레닌은 자본주의가 **폭력적**으로 전복되지 않는다면 공산주의는 널리 퍼질 수 없다고 했습니다. 그러므로 검찰은 **모든** 공산주의자들이 신속하게 혁명을 시도할 것이라고 말했죠.

피고인들이 실제로 혁명을 모의했는가를 증명할 필요가 전혀 없게 된 거죠. 공산주의는 실존주의적 위협을 제기하는 (행위가 아닌) 사상인데 말이에요.

* 미국 대공황 때 활동했던 유명 인기 아역 스타. 아카데미 '아역상' 첫 수상자. 성인이 된 후 정치계에 입문해 UN대사, 가나대사, 체코대사 등을 역임했다.

41

전쟁 후 상원의원 조지프 매카시는 적색 공포에 편승하여 국가에 대한 충성 서약, 블랙리스트, 사상 통제 등에 박차를 가했습니다.

지금 내 손에는 공산당원이거나 명백히 공산당에 충성을 맹세한 것으로 파악된 205명의 리스트가 있습니다.

그는 국무부와 UN, 미국의 소리, CIA, 대학과 예술가들, 언론인들을 조사했죠. 직장에서 쫓겨나는 사람들도 있었고, 친구를 밀고하는 사람들도 있었고, 스스로 목숨을 끊은 사람들도 있었습니다.

그리고 1954년 4월에는 5성 장군 출신의 대통령인 아이젠하워를 배제시킨 채 육군을 조사했습니다. 매카시는 거침이 없었습니다. 그는 해리 트루먼과도 맞붙어 싸웠지만 속도를 늦추지 않았습니다.

36일 동안 2천만 명이 이제 막 개국한 ABC방송의 생중계를 넋을 놓고 시청하는 가운데 그는 청문 대상자들을 모욕하고 증인들을 경멸했죠.

의원님은 예의도 모르십니까? 인간에 대한 기본적인 예의도 없습니까?

국방부의 법률고문 웰치는 30일째 되는 날 청문회에 불려 나왔습니다.

웰치 씨, 이 일이 당신에게 상처를 입힐 거라는 건 알고 있습니다.

의원님, 난 이 일이 당신도 다치게 할 거라고 생각합니다.

매카시의 인기는 급속히 꺾였죠. 몇 달 후에는 상원이 그를 비난했습니다.

역사학자들은 텔레비전이 매카시의 몰락에 얼마나 영향을 끼쳤는가를 두고 논쟁을 벌입니다.

의견이 다르다는 것과 불충하다는 것을 혼동해서는 안 됩니다.

매카시는 거의 5년 동안 아무런 검증도 받지 않고 그 일을 진행시켰죠. 청문회가 열리기 직전, CBS 앵커 에드워드 R. 머로가 변화의 바람을 알렸습니다.

두려움에 휘둘려서는 안 됩니다. 역사의 교훈을 깊이 생각해보면 우리가 두려움에 떨었던 선조의 후손이 아니라는 사실을 알게 될 것입니다.

그 바람은 6주 동안 ABC방송에서 강풍으로 변해 매카시를 갑작스럽게, 훅! 하고 날려버린 것처럼 보였습니다.

하지만 그 바람이 얼마나 오래 지속될 것인지는…

매카시즘은 두 팔을 걷어붙이고 추구해야 할 **미국의 정신**입니다.

국가는 그의 두 눈에 또렷이 각인되어 있던 야만적인 국가의 모습을 보지 못했던 게 아닐까요?

린든 존슨 대통령의 시대에는 논란를 일으키는 선동법도, 떠들썩한 논쟁도, 공공연한 언론 탄압도 없었습니다. 그는 텔레비전 시대를 살고 있었거든요.

그 대신 은밀히 침투하여 반대자들의 활동을 붕괴시키는 FBI의 새로운 프로그램들을 조용히 지원했죠. 또한 급진파와 평화운동가들의 활동을 감시하는 CIA의 역할을 불법적으로 확대시켰습니다.

존슨은 두 개의 전쟁을 치르고 있었지만 둘 다 실패했습니다. 월맹 게릴라들의 끊임없는 공세와 전쟁터에서 보내오는 TV의 끔찍한 장면들 때문에 완전히 무너져 내렸죠. 그리고 1968년에는 그의 든든한 요새였던…

우리가 **진퇴양난**에 빠졌다고 말하는 것이 유일한 현실적 결론으로 보이며… 유일한 합리적 해결책은… 승리자가 아닌 명예로운 사람으로서 협상을 진행하는 것입니다.

크롱카이트*를 잃게 되는 건, 미국의 중산층을 잃는 것이지.

몇 주 후, 존슨은 재선 불출마를 선언했죠.

대통령이 된 리처드 닉슨은 존슨의 정보기관을 활용합니다. 하지만 '정적들의 리스트'를 긁어모으고, 국세청의 세무감사를 무기로 활용하며, 관청들을 도둑질하는 등 지극히 **사적인** 목적으로 활용했죠.

대통령이 그렇게 한다면, 불법이 아니라는 뜻이다.

* '미국에서 가장 신뢰할 수 있는 사람'으로 불리는 언론인. CBS 저녁 뉴스 앵커이며, 객관적인 보도로 주목을 받음.

1969년, 군사 분석가이며 국방부 내부자인 대니얼 엘즈버그는 랜드 연구소에 있는 자신의 금고에서 47권의 자료를 빼냈습니다. 그는 친구인 앤서니 루소의 도움을 받아 복사본을 만들었죠.

그것은 미국의 베트남전 개입에 관련된 국방부의 극비 자료인 펜타곤 페이퍼(미 국방부 비밀문서)로서, 23년 동안 자행된 비밀스러운 개입과 거짓말들이 담겨 있었습니다. 해병 출신인 엘즈버그는 '부당한' 전쟁을 끝내기 위해 감옥에 갈 위험을 감수하기로 결심했던 거죠.

나에게 거짓말을 해야 할 의무가 있다고 말할 사람은 이제 다시는 없을 것이오.

비밀 보고서를 폭로해줄 상원의원을 한 명도 설득하지 못한 그는 〈뉴욕타임스〉를 찾아갔습니다. 신문사는 심사숙고 끝에 문서들을 발표하기 시작했죠.

1971년 6월 14일 월요일 오후 3시 9분, 대통령 집무실. 대통령과 수석 보좌관인 H. R. 홀더먼.

일반인들에게는 이해하기 힘든 공문서 한 무더기일 뿐이지만, 이것을 통해 '정부를 신뢰할 수 없다'는 매우 명확한 사실이 드러나게 됩니다.

그로 인해 암묵적으로 인정된 대통령의 무오류성이 심각하게 훼손됩니다. 비록 잘못된 일일지라도 대통령이 원하는 일을 수행하는 사람들이 있다는 것, 그리고 대통령도 틀릴 수 있다는 사실을 보여주기 때문입니다.

1971년 6월 17일 오후 2시 42분, 대통령 집무실. 대통령과 홀더먼 그리고 언론 보좌관 로널드 지글러.

이 작자들을 '장물을 활용한 고의적인 출판'으로 뭉개버리라구. 〈타임스〉가 한 짓은 '이적 행위'잖아.

당신들이 그렇게 몰고 나가야 해!

닉슨은 1917년에 제정된 간첩행위 방지법으로 엘즈버그와 앤서니 루소를 고발했죠. 그리고 〈뉴욕타임스〉에는 발행을 중지하라는 연방정부의 강제명령을 송달했습니다.

엘즈버그와 루소에 대한 고발은 기각되었습니다.

FBI의 수장이 되는 건 어떻게 생각하십니까?

누군가 엘즈버그의 정신과 치료실을 무단 침입했습니다!

정부의 추잡한 직권남용이오! 심리 무효입니다!

〈뉴욕타임스〉의 재판은 연방 대법원에서까지 진행되었습니다.

The New York Times
대법원 판결 6:3
신문사의 펜타곤 보고서 공표를 인정하다
타임스, 15일간 정지되었던 시리즈를 재개하다

이 신문사는 베트남 전쟁으로 몰고 간 정부의 행위를 밝히는 데 건국의 아버지들이 기대하고 신뢰했던 바를 훌륭하고도 정확하게 구현해냈다.

판사 휴고 블랙

그래서 우리는 지금 미디어 덕분에 그 전쟁의 진짜 역사를 알 수 있게 되었으며, 그 전쟁을 통해 **교훈**을 얻을 수 있게 되었습니다. (꼭 그 래야 할 필요는 없겠지만요.)

한편, 의욕적인 두 명의 젊은 기자 칼 번스타인과 밥 우드워드는 한결같이 대통령 집무실과 연루되어 있던 무단침입, 부정자금, 부정공작, 부정감시, 거짓말의 연결고리를 추적하고 있었습니다.

워싱턴 포스트

닉슨, 은폐 공작은 부인
부하들의 직권남용은 인정

녹음테이프 공개가
치명타가 될 듯

그래서 우리는 지금 미디어 덕분에 행정부의 부패행위와 관련된 기록을 확보하고 그것으로부터 **교훈**을 얻게 된 거죠. (꼭 그래야 할 필요는 없겠지만요.)

300시간 이상 진행된 워터게이트 청문회는 매일 밤 PBS를 통해 방송되었고, 다른 방송망에도 자주 등장했습니다. 때로는 미국 전체 가구의 85%에 가까운 사람들이 시청했습니다.

대통령은 무엇을 알고 있었으며, 언제 이 일을 알게 되었습니까?

WEICKER BAKER ERVIN

그래서 우리는 지금 미디어 덕분에 **미래**의 권력 남용을 막기 위한 법 제정을 요구하는 대중적인 압력을 충분히 행사할 수 있게 되었죠. (꼭 법 조항을 강화할 필요는 없겠지만요.)

상원의원 프랭크 처치는 FBI와 CIA 조사위원회의 의장을 맡아 수천 페이지에 달하는 전화 도청, 우편 검열, 정치적 공갈, 반대 단체의 와해 공작, 외국 지도자들의 암살 시도, 무고한 사람들을 대상으로 한 LSD 실험 등의 자료를 수집했습니다.

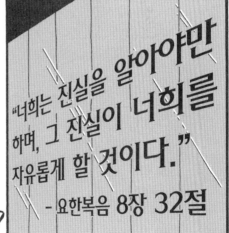

"너희는 진실을 알아야만 하며, 그 진실이 너희를 자유롭게 할 것이다."
— 요한복음 8장 32절

교회의 경고는 우연하게도 버지니아 주 랭글리에 있는 CIA 건물 외벽에 새겨져 있었습니다.

우리 사회의 정신은 성서의 경고에서 비롯된 것입니다.

– 의회에 의해 제정 –
– CIA 활동의 혁신을 위한 새로운 상설 위원회
– 정부의 도청 허가를 위한 새로운 비밀 법원
– 더 나은 공공 서비스

정부의 과잉간섭에 대한 규정들에 따라 조지 부시는 2001년 9월 11일의 공습 이후에 그 어떤 보안법도 제출하지 않았습니다. 대신 비밀리에 작업을 추진하거나 애국자법과 같은 법안들을 급하게 통과시켰습니다.

법원을 거치지 않고 국내 도청과 닉슨 시대의 감시 체계를 다시 도입하기 위해…

• 법원의 명령 없이 전화와 이메일, 금융기록의 검열을 강화하기 위한 법령의 적용을 확대하고…

• 정보 공개법을 제한하고…

• 정부가 운영하는 웹사이트에서 정보를 제거하고…

• 공개되어야 할 수백만 건의 정부 자료들을 기밀로 취급하거나 다시 기밀 문서화하고…

• 의회에 알려야 하는 대통령의 법정 의무를 무시하고…

• 대통령과 관련된 기록을 공개하도록 규정한 워터게이트 시대의 법령을 훼손하고…

좋은 질문입니다. 9 · 11 이후
〈뉴욕타임스〉와 CBS의 여론조사에서 64%의 국민들이
전쟁 중에는 국가의 안전보장을 위해 일정한 권리를 기꺼이
포기하겠다고 했습니다. 약 42%는 신문이 정부를 비판해서는
안 된다고 대답했습니다.

과연 비밀주의가 우리를 안전하게 지켜줄까요? 한번 따져보기로 하죠.

만약 어떤 회사가 여러분이 살고 있는 지역의 강에 독극물을 내버렸다는 사실을 모른다면 과연 더 안전할까요? 2002년에 백악관은 중요한 기간시설에 관한 정보를 기밀로 분류했습니다. 국토안전법에 의해, 만약 어느 사기업이 기간시설과 관련된 정보를 자발적으로 정부에 제공한다면, 그 정보는 정보자유법으로부터 면제되어 기소 면책을 받게 됩니다. 더 나아가 그 사실을 폭로하는 사람은 감옥에 갇혀야 합니다.

이라크를 침공한 이유를 모르고 있는 것이 더 안전할까요?

CIA가 이라크의 9 · 11 테러 공모와 대량살상 무기에 대한 결정적인 증거를 찾아내지 못하자 백악관은 의회의 감독에서 벗어나 입맛에 맞는 증거를 수집하기 위해 국방부 내에 '특별 계획부'를 설치했습니다.

공공 청렴센터에 따르면 백악관은 9 · 11 공격 이후 2년 동안 이라크에 관한 935건의 거짓 보고서를 작성했다고 합니다.

버락 오바마는 부시의 정책을 뒤엎었습니다. 정부 기관들에게 정보 요청의 자유를 인정하는 전향적인 자세를 가져달라고 요구했죠.

너무 오랫동안 과도한 비밀주의가 이 나라에 존재해왔습니다. 그런 시대는 이제 끝났습니다.

이제, 개인의 프라이버시와 국가 안보에 관련된 문제들은 그것에 합당한 수준으로 신중히 다루어야만 합니다.

…여러분이 어떤 것을 비밀로 간직할 법적 권한이 있다고 해서, 언제나 그것을 활용해야 하는 것은 아닙니다.

하지만 그도… 언제나 그렇게 하지는 않았죠.

오바마 정부는 48군데에 이르는 석탄재 저장소의 위치를 비밀로 유지하기로 했습니다. 저장소 인근의 주민들에게는 심각한 위험이 아닐 수 없습니다. 정부는 그런 정보의 공개가 국가 안보를 손상시킬 가능성이 있다고 말했습니다.

Top 10 States with Coal-Ash Disp

연방 법원의 판사는 부당한 정부의 도청 프로그램에 소송을 제기한 변호사들에게 관련 서류를 제시하지 않고 있는 오바마 정부에 제재를 가할 것이라고 경고했습니다. 정부는 '국가 기밀' 특권을 적용해야 한다고 호소했습니다.

이처럼 간략한 역사에서도 일정한 경향이 드러나고 있죠. 언론은 물러서 있을 때도 있지만 언제든 확고한 태도를 회복합니다. 미디어는 부패를 폭로하고 변화를 위한 압력을 행사합니다. 하지만 정부의 목소리가 여전히 가장 크죠.

그래서 백악관의 주장들을 판단해보자면…

크렘린의 주장을 판단했던 어느 대통령의 조언을 예로 들자면…

신뢰하지만 검증하자.

저널리즘 업계의 가장 위대한 회의론자가 믿고 있는 진실을 받아들이자면…

모든 정부는 거짓말을 한다.

· 주간 스톤 ·

언론은 어떻게 세뇌되고 중립을 지키는

그리고 민주주의에는 공짜표가 없다는 것을 인정하자면…

자유는 끊임없는 경계의 대가로 얻어진다.

언젠가 '테러리즘과의 전쟁'이라는 언론 보도를 주제로 고등학생들에게 강연하고 질문을 받은 적이 있습니다.

저는 **지도자들**을 믿고 싶습니다. 왜 기자들을 믿어야 하는 거죠? 나를 보호해주는 건 그들이 아니잖아요. 나와 아무 관계도 없는 기사를 왜 읽어야 하죠?

우리의 전통이나 역사를 부정할 수는 있습니다. 하지만 결과에 대한 **책임**을 피할 수는 없죠.

공화국의 시민으로서 책임을 거부할 수 있는 방법은 전혀 없습니다.

사실 에드워드 R. 머로가 한 말인데요.

내가 말하고 싶은 건…

기사들이 형편없다는 건 나도 알아, 얘들아. 사실 쓰레기 같은 기사들이 너무 많지.

하지만 너희 스스로 정보를 갖추지 않으면, 세상일에 대해 요구할 수가 없거든.

그러면 쓰레기 같은 기사들이 왜 그렇게 많은 거죠? 그 말은 쓰레기 같은 기자들이 많다는 거잖아요.

카니스 저널리스티쿠스

개과에 속하는 기자들

나도 처음 듣는 얘기들이긴 하지만…

독일의 철학자 아르투어 쇼펜하우어(1788~1860)

저널리스트는 개와 비슷해…. 뭔가 움직이기만 하면 짖어대거든.

노르웨이의 극작가 헨리크 입센(1828~1906)

과학자들이 동물을 괴롭히는 건 용납할 수 없어. 저널리스트와 정치인을 대상으로 실험하게 해야 해.

아일랜드의 시인 윌리엄 버틀러 예이츠(1865~1939)

나는 저널리스트를 가장 경멸해. 키득거리며 남을 조롱하는 것 말고는 하는 일이 없거든. 단테가 말했듯이 '가장 대단한 거부자들'이야.

지구의 산등성이에서 가장 야비한 자들이지.

미국 최고의 체스 선수인 보비 피셔(1943~2008)

기자를 죽이는 게 불법인가요?

53

1998년부터 2002년까지 실시된 '우수한 저널리즘을 위한 프로젝트(PEJ)'는 154개의 지역 TV에서 보도한 3만 건 이상의 뉴스를 분 단위로 조사하여 평가했습니다.

조사결과, 잘 짜여진 진지한 정책 보도는 자동차 사고 보도와 비슷한 시청률을 기록했습니다. 어쩌면 그보다 더 높을 수도 있겠죠.

경쟁 중인 방송사들이 자극적인 내용을 선호하는 시청자들을 흡수하여, 지역 뉴스 애호가의 비율이 높아졌기 때문이라는 사람들도 있습니다. 하지만 TV 뉴스 방송사들은 여전히 시시하고 폭력적인 소재에 의존하고 있죠. TV 제작자들이 실제로는 시청자들의 성향을 모를 수도 있습니다.

대부분의 뉴스 소비자들이 싫어하는 것을 여론조사는 명확하게 보여 주고 있습니다.

바로 뉴스 미디어입니다. 해마다 **신뢰**하는 사람들이 줄어들고 있죠. 요즘에는 부정이나 사기 사건을 폭로하기 위해 법을 어긴 기자들이 배심재판에서 빈번히 **패소**하고 있습니다. 배심원들이 기자를 진실의 수호자나 권력을 견제하는 사람으로 보지 않기 때문이죠.

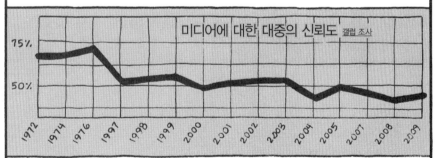

미디어에 대한 대중의 신뢰도 갤럽 조사

75%

50%

1972 1974 1976 1997 1998 1999 2000 2001 2002 2003 2004 2005 2007 2008 2009

그런 평결들은 항소심에서 많이 뒤집힙니다. 대부분의 재판관들은 저널리즘이 민주주의에 중요한 역할을 한다고 여기기 때문입니다. 하지만 일반 시민들도 그렇게 생각할까요? 별로 그런 것 같지는 않습니다.

그들은 기자들을 편견에 사로잡혀 자기 잇속만 차리면서 거들먹거리는 멍청이로 인식하고 있습니다.

컹컹!

왜 그럴까요? 사실 언론계에 유별난 사람들이 모이기는 하죠. 냉소적이거나 까다로운 사람들, 역겨운 심문자 등등…. 사냥개는 자기보다 힘이 센 놈들의 발목을 물어버리죠.

우린 절대로 인기 경쟁에서 이기려 하지 않아요. 사랑은커녕, 우리를 좋아하지 않는다는 것도 알고 있죠. 그건 중요하지 않아요.

우리에 대한 전반적인 평가는 돌고 돕니다. 닉슨 대통령이 반미디어 캠페인을 시작하자, 사람들은 말 그대로 침을 뱉으며 '당신들은 왜 진실을 말하지 않는 거요?'라고 했죠.

히지만 워터게이트 사건이 터지자 모두 몰려와 "당신들이 이 나라를 구했소"라고 했거든요.

헬렌 토머스 여사님, 당신은 존 F. 케네디 이후로 모든 대통령을 취재했습니다. 클린턴 정부의 대변인은 당신의 깐깐한 질문을 받는 것이 고문이었다고 말했죠.

그런 말을 듣는 건 기쁜 일이죠! 나는 그들에게 알랑거리지 않습니다. 사실 한껏 과시할 만한 지위에 있다 해도, 그들은 여전히 우리의 공복입니다. 그리고 우리 역시 공복들이죠. 민주주의에서 정기적으로 그들에게 질문을 할 수 있는 유일한 기관은 우리뿐입니다.

그러면, 가장 취재하기 쉬웠던 대통령은 누구였습니까?

전혀 없었어요.

대통령이라는 생각 때문에 그들은 고분고분하지 않아요.

작가이자 저널리스트인 알베르 카뮈는 이렇게 말했죠.

> 자유언론은 좋을 수도 나쁠 수도 있지만, 자유가 없다면 분명 나쁜 것이 될 수밖에 없다.

언론매체에 대한 신뢰도가 떨어지고 있는 것은 대중이 그들을 나쁘다고 생각하기 때문일까요?

당연히 그렇습니다. 하지만 여론조사에 나타나는 변동 상황은 언론보도에 대한 평가가 냉정한 판단이 아니라는 것을 보여줍니다. 감정적인 것이죠.

저널리즘이 가장 멋진 시간을 보냈던 워터게이트 사건을 예로 들어보죠. 아직도 그 사건에 분노하는 사람들이 있습니다. 그들은 이 사건이 정부기관에 대한 존경심을 훼손시켰다고 말합니다.

> 이 사건으로 인해 암묵적으로 인정되어왔던 대통령의 무오류성이 심각하게 훼손됐습니다. 비록 잘못된 일일지라도 대통령이 원하는 일을 수행하는 사람들이 있다는 것과, 대통령도 틀릴 수 있다는 사실을 보여주기 때문입니다.

하지만 홀더먼의 관찰에 따르면… 실제로 훼손된 것은 정부기관에 근무하는 사람들에 대한 존경심이었습니다.

워터게이트 사건이 진행되는 동안 언론은 당연히 해야 할 것으로 기대되던 일을 수행한 것입니다. 그러므로 토머스 여사가 언급했듯이, 처음에는 침을 뱉었지만 나중에는 칭찬을 했던 것이죠.

전쟁 단계에 돌입한 백악관을 감시하는 일과 같이 언론이 당연히 해야 할 것으로 기대되는 일을 하지 않았을 때, 우선은 칭찬을 받지만 나중에는 침을 뒤집어쓰는 일이 종종 벌어지게 됩니다.

언론매체가 독자와 광고주의 비위를 맞추지 않고 자신의 역할이라고 생각하는 일만 한다 해도, 그것은 여전히 그 시대의 산물입니다.

인종차별주의가 통상적인 규범이었을 때, 대부분의 언론사도 마찬가지였습니다.

"이봐, 샘보*. 이 수박이 너무 크다고 생각하진 않아?"

"천만에요, 주인님! 저에겐 그리 크지 않은뎁쇼!"

(1920년대 이전에 게재된 〈라이프〉지의 만화)

지금도 인종차별적인 기사를 싣는 곳이 있죠.

(전부는 아니어도) 대부분의 신문은 여성의 투표권에 반대했고, 나치의 유대인 대학살을 모른 척했으며, 제2차 세계대전 동안 일본계 미국인들의 격리수용을 지지했습니다.

하지만 시대가 바뀌었죠.

오늘날 우리가 판단해야 할 일은 아니지만, 우리는 일본계 미국인들의 격리수용이 실수였다는 사실을 인정해야 합니다.

기자들은 자신이 작성한 기사의 중요성이나 진실성을 근거로 칭찬받거나 비난받는 것이 **아닙니다.** 그것은 그 기사가 대중의 정서에 영합하고 있느냐에 따라 달라집니다.

* 인디오와 흑인의 혼혈을 낮춰 부르는 말.
** Headless Body in Topless bar: 〈뉴욕 포스트〉를 유명하게 만든 헤드라인.

예를 들어, 허리케인 카타리나가 닥쳐왔을 때 대중은 미디어를 지지했습니다. 기자와 앵커들이 분노를 대신 표현해주었기 때문이죠.

죄송합니다만, 의원님… 아시겠지만, 지금 이곳에는 무척 당황하고 엄청나게 화가 나 있으며 극도로 지쳐버린 사람들이 있다는 말을 꼭 해드리고 싶군요.

CNN ·연방정부의 대책· 앤더슨 쿠퍼 360 *

루이지애나 상원의원 메리 랜드루

그곳에는 물도 없고 음식도 없고 당국자도 없습니다. 아무 대책도 없다는 거죠.

· 워싱턴 D.C. · · 뉴올리언스, LA ·

국토안보부 장관 마이클 처토프

MEET THE PRESS

구조 계획은 있습니까? 그들은 지금 매우 절박합니다. 아직 별다른 계획도 없는 겁니까? 전혀 없습니까?

FOX NEWS CHANNEL 미국의 도전

뉴올리언스 도착 직후 국토방위군의 언급

비록 보도내용 자체는 문제가 있었지만…

* 미국 케이블 뉴스 방송 CNN의 간판 프로그램.

그 끔찍한 슈퍼돔에서 5일 동안 꼬박 서서 사람들을 죽이고 강간하는 난동꾼과 시신들을 지켜보도록 방치됐어요.

어떤 여성은… 남자 셋이 11살짜리 여자아이를 강간하는 걸 보았답니다.

정말 견디기 힘든 끔찍한 일이군요.

약탈과 방화와 폭력에 관한 다양한 소식들이 있습니다. 흉악범들이 구조대를 향해 총을 쏘았다는…

하지만 아직 모두 확인된 것은 아닙니다.

강간당한 어린이는 없었으며, 컨벤션 센터의 냉동고 속에 30구의 시체도 없었습니다. 관리들이 거듭 밝혔듯이 단순한 풍문이었습니다. 그런 이야기들이 비록 무의식적이긴 해도 추악한 인종주의적 이야기와 잘 어울린다는 사실에 주목한 사람들도 있었죠.

만약 슈퍼돔과 컨벤션 센터에 중산층 백인들이 많이 수용되어 있었다면, 이런 식의 루머들이 이처럼 많이 퍼지지는 않았을 것입니다.

〈타임스 피카윤〉의 편집자 **짐 에이머스**

언론은 잠깐 칭찬을 받았습니다. 언론의 대응이 훌륭했고 또 진지했다고 느꼈기 때문이었죠. 이것이야말로 코미디언 스티븐 콜베어가 냉소적으로 꼬집은 '트루시니스(truthiness)*'였던 겁니다.

* 객관적인 증거나 논리에 따른 진실이 아니라 직감이나 결단, 용기에 근거해 진실이기를 믿고 싶어 하는 개념이나 사실.

전선 위의 잠새들

2001년 9월 11일 직후의 여론조사는 미디어에 대한 대중들의 신뢰가 **급격히 상승**했다는 것을 보여줍니다. 무너지는 빌딩과 관련된 소문들이 실제 상황과 함께 보도되는 것에는 아무도 신경쓰지 않았던 거죠. 끔찍한 그 순간에 미디어는 **우리가 느끼던 고통을 대신 표현했습니다.**

아, 정말 끔찍합니다.
무시무시하군요.

무기력하게 지켜보기만 할 뿐입니다. 정말 공포스럽군요.

하지만 관심사는 곧 전쟁으로 옮겨갔습니다. 그리고 여론조사는 급전직하하여 저널리스트들은 도덕성과 전문성, **애국심**이 낮은 것으로 나타났습니다.

오라일리 팩터

부시를 싫어하는 사람들은 이라크 분쟁에서 얻을 수 있는 혜택을 전혀 인정하지 않을 겁니다. 냉소적이고 부정직한 그들이 미국을 해치고 있는 겁니다.

공공연히 전쟁을 지지하던 〈폭스 뉴스〉는 시청률 선두를 기록했습니다.

모든 미디어가 백악관에 호의적인 의견들로 반대자들을 궁지로 몰아넣었습니다. 한 무더기의 퇴역 군인들이 매일같이 모든 채널에 등장했죠.

이라크에는 여전히
수천 갤런의 겨자가스, 신경작용제
사린과 VX가 있습니다.

배리 매카프리(퇴역 장군)
NBC 뉴스 분석

나중에 〈뉴욕타임스〉는 도처에 등장했던 '온갖 평론가들'은 펜타곤의 **지시를 받았거나** 전쟁 산업과 관계가 있거나 혹은 둘 다였다고 보도했죠.

2001년 12월 20일

이라크군이
망명자 저

학자들이 주장

있다고 주장

2002년 침공의 전 단계에서 의문점을 제기하는 기자들도 있었지만, 군소신문에 가끔 등장하거나 다른 관심사들에 묻혀버렸습니다.

2002년 9월 8일

원자폭탄
후세인이

2004년 5월 26일

타임스
그리고 이라크

되돌아보면, 우리는 새로운 증거가 나타났다거나 그것을 찾아내는 데 실패했다는 주장들을 한층 더 과감하게 검증했어야 했다.

– 편집자 일동

미국은
말한다

감춰진 무기

밝히다

2003년 4월 21일

불법무기
여전히 여

하지만 그러한 의문들은 제기되지 않았죠.

훌륭한 보도의 **음과 양**인 용기와 신중함은 9·11 이후로 그 균형이 깨져버렸습니다. 국민들은 깜짝 놀랐죠. 저널리스트들도 국민입니다. 그들에게도 생존 본능이 있거든요.

그들도 국가를 사랑하며, 국가가 자신들을 사랑해주기를 원합니다.

우리가 사랑받지 못한다는 것은 압니다. 그건 중요하지 않아요.

헬렌, 제 생각은 다릅니다. 대부분의 사람들에게 중요한 문제거든요.

미디어의 행위를 변명하려는 의도는 전혀 없습니다.

우리는 업무 중에 잠을 자버린 외과의사나 제대로 아는 것이 없는 선생님을 용서하진 않습니다. 우리는 공금을 조금씩 횡령한 회계원이나 뻔뻔스럽게 돈으로 투표권을 사버린 정치인들을 관대하게 봐주지 않습니다. (대개는 그렇죠.)

우리는 경찰들이 정직하기를 그리고 소방관들이 용감하기를 기대합니다.

우리는 기자들이 도덕적이고 박식하기를 기대합니다. 또한 깨어 있기를 기대하죠. 그리고 빌어먹을, 정직하고 용감할 것까지도 기대하죠.

그렇게 기대하지만, 한편으로 기대하지 않기도 하죠.

〈워싱턴 포스트〉의 베테랑 기자 월터 핀커스는 〈더 네이션〉에 기고한 글에서 유진 매카시 상원의원이 자신에게 했던 말을 인용했습니다.

'언론이란 모두 전선 위에 앉아 있는 한 무리의 참새들이며, 어느 한 마리가 다른 전선으로 날아가 감전되지 않는다는 걸 확인하면 모두 그곳으로 날아간다.'

의회는 백악관을 도발하거나 비판하려는 저널리스트들에게는 가장 안전한 가설 활주로입니다. 의회가 행정부와 힘의 균형을 맞출 것이라 생각하기 때문입니다. 정당하게 선출된 의원들이 대통령을 비난하거나, 정부의 비밀을 공박하는 청문회를 열고, 예산 부정을 조사하거나 부패를 폭로한다면 그것이 바로 기사가 되는 겁니다. 그런 내용을 취재한 기자들은 편향성에 대한 비난으로부터 벗어날 수 있습니다.

하지만 안전한 가설 활주로도 가끔은 차단됩니다.

1971년 대니얼 엘즈버그는 전쟁에 반대하는 상원의원들에게 국방부의 비밀문서를 제일 먼저 보여주려 했지만 의원들은 그 문건을 들춰 보지도 않았습니다. 이런 경우, 그들 대신 문서를 공개하기로 결정한 신문사는 정치적인 문제가 아닌 법적인 위험을 감당해야 합니다.

(거대 담배회사의 문제점을 다룬 기사들은 소송에 대한 부담 때문에 많이 없어져버렸죠.)

이런 경우, 신문사들은 보호받을 수 없는 전선 위로 날아간 것입니다. 열두 개의 신문사가 차례로 법원의 공표 금지 명령을 받았습니다. 그런 일을 겪고 나서야 마침내 올바른 베트남 전쟁의 역사를 세상에 알릴 수 있게 되었죠.

9·11 공격 이후, 의회는 의문을 제기하는 저널리스트들에게 아무런 보호장치도 제공하지 않았습니다. 백악관의 방해를 받던 의회는 침묵을 지켰습니다. 입법자들은 시민의 기본적인 자유를 침해하는 그 장황한 애국자법을 검토할 시간조차 요구하지 않았죠. 그들은 읽지도 않고 그 법안을 통과시켰습니다.

자꾸 감추려고만 하는 백악관과 침묵하는 의회로 인해 언론매체들은 다시 한 번 자신들의 판단만으로 뜨거운 전선 위로 날아올라야 했습니다. 하지만 대부분의 경우, 언론매체들은 그런 위험을 감수하려고 하지는 않습니다.

여러분이 활용할 수 없는 뉴스도 있습니다

하지만 뉴스 소비자들은 언론이 보여주는 비겁함보다 부정확한 보도에 더 많은 불만을 드러냅니다.

2009년의 Pew 조사에 응답한 50% 이상의 사람들은 뉴스 기사에 부정확한 내용이 많다고 믿는 것으로 나타났습니다. 그리고 79%는 뉴스매체들이 그것들을 감추려 한다고 믿고 있었죠.

뉴스 소비자들의 생각이 옳다는 것은 증명되었습니다. 특히 첫 번째 것이 그렇죠.

두 번째 것은 사실과는 조금 다릅니다. 한때는 언론매체들이 비평가들이나 사실을 검증하려는 외부 인사들을 따돌릴 수 있었습니다. 기록의 실체를 숨김없이 밝히는 데에는 수년이 걸리기도 했고 또, 영원히 묻혀버릴 수도 있었죠.

하지만 이제는 인터넷을 활용해 잘못된 사실에 대해 즉각적으로 이의를 제기하고 검증할 수 있습니다. 잘못된 내용을 감추는 것이 실질적으로 불가능해진 거죠. 그래서 온라인에서는 잘못된 기사를 올렸을 경우 정정보도문을 즉시 게재합니다. 옴부즈맨들은 기사를 꼼꼼히 감시하고, 기자들은 비평가들과 활발히 대화를 하는 등 미디어 환경은 지금까지는 들어본 적이 없었던 "내 탓이오" 고백으로 어수선합니다.

저널리즘은 뉴스 소비자들의 신뢰를 얻기 위해 새로운 개방의 시대에 돌입했습니다.

지금도 신뢰를 받기 위해 기다리고 있는 중이죠.

이러한 노력이 한순간에 물거품이 될 수도 있습니다. 사건은 끊임없이 일어나고 믿을 만한 소식통도 틀릴 수가 있거든요.

하지만 많은 실수들이 과도한 확신과 잘못된 분석 그리고 정확한 내용 대신 최초로 보도하려는 태도에 의해 발생하게 됩니다. 이러한 실수들은 무척 많이 일어납니다. 그리고 또 반복되죠. 언제나 그렇습니다.

특히 숫자와 관련된 문제에서 더욱 자주 일어나죠.

이 유명한 헤드라인은 득표수가 집계되기 전에 인쇄된 것입니다. 잘못된 여론조사 결과를 그대로 사용한 것이었죠.

여론조사…

말도 마세요. 정말 끔찍한 것이거든요.

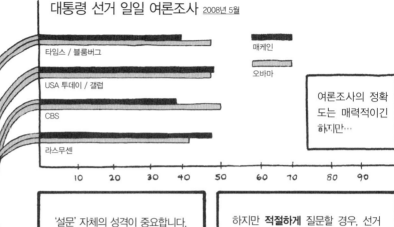

대통령 선거 일일 여론조사 <u>2008년 5월</u>

	타임스 / 블룸버그	USA 투데이 / 갤럽	CBS	라스무센

매케인
오바마

10 20 30 40 50 60 70 80 90

이것은 **2008년 5월** 첫째 주에 실시된 여론조사입니다. 그 주에는 모든 사람들이 관심을 갖고 있던 중요한 일이 있었죠.

여론조사의 정확도는 매력적이긴 하지만…

올가미와 착각이…

우리는 얼마나 많은 사람들을 어떻게 선정하고 답변들은 어떻게 평가했는지와 같은 여론조사의 방법을 알아둘 필요가 있습니다.

'설문' 자체의 성격이 중요합니다.

오늘 선거가 있다면, 누구에게 투표하시겠습니까?

지금 당장 투표하는 것이 아니므로 이 질문은 부적절합니다.

하지만 **적절하게** 질문할 경우, 선거 막바지일지라도 답변의 3분의 1은 다음과 같이 되고 말 것입니다.

11월 선거에서 누구에게 투표하실 겁니까?

어, 아직 결정을 못했는데요.

언론매체들은 주요 여론조사 기관에 비용을 지불하는데, "아직 결정을 못했다"는 건 뉴스가 될 수 없거든요.

대중이 여론조사 중인 이슈에 대해 모르거나 관심이 없을 때, 그 결과는 크게 오락가락합니다.

하지만 '얼마나 관심이 있습니까'라고 묻지는 않습니다.

대개의 경우 우리는 모르거나 그다지 관심이 없기 때문입니다.

그러니까 우연히 여론조사 결과를 보게 되면 외면하는 게 좋습니다.

이렇게요.

골디락스 넘버

옛날 아주 먼 옛날에, 2005년 11월에, 아주아주 무서운 숫자를 말한 사람이 있었어요.

경찰 관계자는 약 5만 명의 납치범들이 온라인에 상주하고 있을 것이라고 추정했습니다. 이상 크리스 핸슨이었습니다.

데이트라인 크리스 핸슨*
― 투 캐치 어 프레데터 ―

그리고 그 말은 법무장관 앨버토 곤잘러스의 연설에 자연스럽게 인용되었죠.

〈데이트라인〉은 인터넷에 상주하면서 어린이들을 노리고 있는 납치범이 약 5만 명에 이른다고 추정했습니다.

그곳에 그렇게 많은 납치범들이 있다니 정말 경악할 일입니다.

정말 경악스러운 일이겠죠. 하지만 그 숫자를 추적해나가는 것은 헨젤과 그레텔이 흘린 빵조각을 찾아가는 것과 같은 일이죠.

일단 NBC 방송의 크리스 핸슨을 추적해보기로 하죠.

그래서 우리 회사의 전문가인 켄 래닝에게 말했죠. "보세요, 이건 피상적인 숫자거든요. 신뢰할 수 있을까요?" 그러자 결국 "나도 전해 들은 거지만, 납치범을 어떻게 정의하느냐에 따라 아주 적어질 수도 있겠죠"라고 하더군요.

그러면 이제 켄 래닝을 추적해보겠습니다.

---

* 미국 NBC 방송 인기 뉴스쇼인 〈데이트라인〉의 어린이 대상 성범죄 고발 리얼리티 프로그램 '투 캐치 어 프레데터(To Catch a Predator)' 시리즈의 취재기자.

정확한 숫자라고 증명할 수는 없었지만 그렇다고 부인할 수도 없었죠. 5만 명이라는 것에는 의구심이 있었지만 지극히 적절하다고 생각했거든요.

그 숫자는 어느 날 갑자기 등장한 겁니다.

80년대에는 매년 낯선 사람에게 유괴되는 어린이들을 추정하기 위해 5만이라는 숫자가 자주 사용되었습니다. 하지만 90년대 초의 연구조사에서 대략 200~300명의 어린이들이 낯선 사람에게 유괴된다는 것이 밝혀졌습니다.

…80년대 후반에는 악마숭배 집단이 전국을 돌며 인간 제물을 끌어모으고 있다고 생각하는 사람들이 많았습니다.
그러니까… 그런 일이 지금은 얼마나 많이 벌어지고 있을 거라고 생각하십니까?

똑같은 숫자가 별안간 또다시 나타난 거죠.
일 년에 5만 명.

제물이라구요!

하하하, 그렇습니다. 이제는 살인범에 대한 정확한 데이터가 있기 때문에 그건 어느 정도 문제가 있는 숫자이긴 합니다. 당시에는 매년 2만 명가량의 살인범이 있었거든요.

…그러니까 악마숭배자들이 전체 살인범들보다 두 배 이상 많은 살인을 저질렀다는 뜻이 되는 거죠.

기자인 칼 비알릭은 **5만**이라는 숫자가 명성을 얻게 되는 전형적인 과정이 있다고 했습니다. 일단, 확실하지 않은 내용을 설명하는 어떤 사람의 말을 언론이 인용합니다. 그리고…

그것을 정부 인사가 인용하고, 그다음에는 어떤 연구에서 그것을 받아쓰고, 그것을 다시 언론이 인용합니다. 일단 그 수치가 언론에 등장하면, 이번엔 공직자들이 그것을 다시 인용하는 거죠….

돌고, 돌고, 또 도는 거로군요.

래닝의 말이 머릿속에서 떠나질 않아요.

그 숫자는 어느 날 갑자기 등장한 겁니다.

5만은 죽음을 부르는 숫자인 셈이군요!!

인간 제물은 말할 필요도 없이, 해마다 5만 명이 자동차 사고로 사망하며… 간접흡연으로… 그리고 미국에서는 트랜스 지방으로 5만 명이 사망합니다. 인도에서는 매년 5만 명이 뱀에 물려 사망하고… 아시아에서는 말라리아로, 파키스탄에서는 대기오염으로, 유럽에서는 자동차 소음으로 인한 심장마비 그리고 지구 전체에서는 기아와 가난으로 5만 명의 어린이들이 사망한다는군요…. 대체 이게 무슨 일이죠?!

Google

6 50,000

그건… 200처럼 아주 작은 숫자가 아닙니다. 그리고 천만처럼 우스꽝스러울 정도로 큰 숫자도 아니거든요.

5만은 골디락스 넘버죠. 너무 자극적이지도 않고, 너무 이성적이지도 않거든요.

가끔은 가장 단순한 이유들이 가장 무서운 법이죠.

그러면 이제, 너저분한 오보들을 공개하기로 하죠.

일반적으로 기자들은 자신이 알고 있는 사실이 틀렸다는 걸 확실히는 모른다고 가정하죠.

얼마 전 그레이블리 포드의 남부 산맥에서 돌처럼 굳어버린 남성이 발견되었다. 돌이 된 미라의 사지와 이목구비는 완벽했으며, 왼쪽 다리는 물론…

이따금 그들은 기짓말도 힙니다.

한때 기자였던 마크 트웨인은 돈을 벌기 위해 재미있는 거짓말을 꾸며내는 일은, 노예제도처럼 혐오스러운 일들에 대해 언론이 보여주는 '끈적끈적한 침묵'과 비교하면 아무것도 아니라고 했습니다.

그는 그런 거짓말을 '우아하고 지적인 사람들의 이해관계와는 아무런 관계도 없는 조용한 주장'이라고 불렀습니다.

우리는 왜 국가가 하루 종일 거짓말을 하는 것은 도와주면서, 잠들기 전에 재미로 읽는 하찮고 개인적인 거짓말에는 반대를 해야 하는 걸까요?

그저 기분전환을 위한 것이라는 뜻이죠.

입안에 남은 불쾌한 맛을 없애버리기 위한 것입니다.

윌리엄 랜돌프 허스트와 조지프 퓰리처 같은 신문 거물들의 황색언론이 횡행하던 시절에는 요란스러운 헤드라인이 넘쳐났죠. 기사에는 의도적인 생략과 거짓말도 무척 많았습니다.

1898년 2월 15일, 쿠바 아바나 항구에서 미군의 전함 메인호가 폭파되었을 때, 허스트는 스페인을 비난했죠.

The Examiner.

전쟁 의지가 모든 미국인들의 가슴에 스며들다

애국 시민들은 잔혹하고 비열하게 메인호를 격침시킨 스페인에게 복수할 것을 군에게 요구한다

미 해군 조사단이 스페인에 책임이 있다는 증거를 못 찾았다고 밝힌 후에도 그는 계속 스페인을 비난했습니다. 허스트는 전쟁이 발발할 가능성을 즐기고 있었던 거죠.

1897년 1월 쿠바 취재를 위해 고용된 삽화가 프레더릭 레밍턴과 허스트 사이에 오갔던 전보문에 대한 유명한 이야기가 있습니다.

모두 평온합니다.
이곳엔 아무 문제도 없어요.
전쟁이 일어날 것 같진 않습니다.
돌아가고 싶습니다.

그냥 거기 있으세요.
당신은 그림을 제공하세요.
그러면 나는 전쟁을 제공할 테니.

허스트의 전보문은 그의 냉소주의를 보여주는 결정적인 증거로 자주 인용됐죠. 하지만 그는 전보문을 부인했으며, 증거도 전혀 없습니다.

사실 이 이야기의 제공자이며 유명한 허풍쟁이 기자인 제임스 크릴먼은 당시 유럽에 있었습니다.

그 이야기는 허스트가 열심히 방해했지만 영화로도 제작되었습니다.

개봉박두

시민 케인

자업자득이라고 할 수 있죠.

허스트는 스페인이 식민지 쿠바를 가혹하게 다루는 것에 진심으로 분노했습니다. 수천 명의 쿠바인들이 강제수용소에 갇혀 굶주리다 죽어갔죠. 그는 **이익**만큼이나 **정의**도 추구했습니다.

이익과 정의 중 보도에 더 큰 영향을 끼친 것이 무엇인가에 대해선 여전히 의견이 분분합니다.

분노와 십자군정신, 속임수를 활용하는 황색언론은 여전히 존재합니다. 2005년, CNN의 루 돕스*는 성서적 암시가 담겨 있는 한 가지 통계를 인용했습니다.

불법체류 외국인의 증가가 많은 미국인들의 건강을 위협하고 있습니다.

지난 40년 동안 900명 정도만 감염되었을 정도로 한센병(나병)은 매우 희귀한 질병이었다. 그런데 지난 3년 동안 갑작스럽게 7천 명 이상의 나병 환자가 발생했다.

CNN 루 돕스
·투나이트·

〈60분〉의 진행자인 레슬리 스탈은 연방정부의 보고서를 돕스에게 들이댔습니다. 3년이라는 돕스의 주장과는 달리 30년 동안 7천 명 이상이 발견되었다는 내용이었죠.

우리가 보도했다면 그건 사실입니다.

그걸 어떻게 장담하죠?

그건… 우리 업계의 방식이기 때문이죠. 우린 숫자를 조작하지 않습니다. 레슬리 씨, 그렇지 않나요?

돕스 씨, 가끔은 조작을 하지요. 보건부는 미국의 나병 환자가 20년 넘게 급격하게 줄어들고 있다는 보고서를 내놓았죠.

한센병(나병)
보고된 연간 발병 건수, 미국, 1971~2006

400
360
320
280
240
200
160
120
80
40
0

1978~1988
캄보디아, 라오스, 베트남
난민의 유입

1971 1976 1981 1986 1991 1996 2001 2006

돕스의 태도를 보면, 나병 발병률에 대한 그의 무모한 과장은 어쩌면 단순한 실수일 수도 있습니다. 또한 국내에 수감되어 있는 사람들의 33%가 불법입국자라는 그의 주장도 실수일 수 있겠죠. (사실은 6%밖에 안 됩니다.)

* CNN 〈루 돕스 투나이트〉의 진행자. 뉴스 논평을 통해 반이민 정서를 노골적으로 드러냈으며, 오바마 대통령의 출생과 관련한 음모론을 제기해 논란을 일으켰다.

돕스는 분명 자신이 싫어하는 것을 뒷받침할 만한 자료들을 인용했겠지만, 정보원情報源이 좋지 않았던 거죠. 그가 이민자 집단이라는 환각에 깊이 몰두해 있었거나, 버락 오바마의 시민권에 대한 의구심에 사로잡혀 있었거나, 미국 정부가 캐나다 그리고 멕시코와 합병하려고 비밀스럽게 계획하고 있다는 확신을 가지고 있었다 해도 전혀 문제될 것은 없습니다.

결국 CNN 고용주들은 그에게 라디오쇼에서 의견을 말하는 건 괜찮지만 TV에서는 객관적인 뉴스만을 전해야 한다고 말했죠. 그래서 그는 직장을 때려치우고 대통령에 출마하겠다고 선언했습니다.

미디어는 왜 거짓말을 하는 걸까요? 돕스는 어쩌면 자신이 품고 있는 두려움이 옳다는 걸 증명해주는 것이기 때문에 그런 주장들을 믿기로 했을 겁니다. 허스트의 경우에는 (어떤 것이 먼저인지 분명하지는 않지만) 신문 판매와 수많은 쿠바인들의 죽음을 막기 위해 거짓말을 했습니다.

영국의 전설적인 저널리스트 클로드 코번은 프란시스코 프랑코 장군이 이끄는 스페인 군대가 민주적으로 선출된 공화당 정부에 반란을 일으켰던 1936년 6월, 스페인에서 휴가를 즐기고 있었습니다.

대부분의 저널리스트들이 그랬듯이 코번은 스페인 내전을 자유와 파시즘 간의 결정적인 전투라고 보았습니다. 그는 전 세계의 이목을 집중시키려면 반파시스트 세력의 승리가 필요하다고 믿었습니다. 그래서 자유진영이 프랑코의 군대를 누르고 승리를 거두는 한 가지 전투를 창작해냈습니다. 거짓말을 했던 것이죠. 대중의 알 권리를 위해 그랬을까요? 코번은 이렇게 말했습니다.

누가 그들에게 그런 권리를 주겠습니까? 아마 그들 스스로 열심히 노력해 잔혹한 정부가 정책을 바꾸도록 만들고, 파시스트들이 스페인에서 패주하게 될 때 그런 권리를 갖게 되는 것입니다.

이것은 추상적인 질문이 아닙니다. 충격적인 전쟁인 겁니다.

결국 파시스트들이 승리했죠. 프랑코의 독재는 35년간 지속되었습니다.

코번은 독재를 저지하기 위해 노력했던 것을 절대로 후회하지 않았습니다.

- 대단한 거부 -

W. B. 예이츠가 저널리스트들에 대해 이야기했던 걸 기억하시죠?

그들은 키득거리며 남을 조롱하는 것 말고는 하는 일이 없습니다. 단테가 말했듯이 그들은 그저 '대단한 거부'를 하고 있는 것입니다.

〈신곡〉의 '지옥편'에서 단테는 저승을 돌아다니던 중 천국과 지옥에서 모두 거절당하고, 지옥의 변방을 떠도는 운명을 떠안고 괴로워하는 영혼의 무리를 보게 됩니다. 자신들의 입장을 분명히 밝히기를 거부했기 때문에 삶의 의미가 전혀 없는 국외 중립자들이 된 거죠.

그리고 나는 비겁함으로 인해 '대단한' 거부를 했던 그의 어두운 얼굴을 보았다.

로버트 케네디는 대통령인 존 F. 케네디가 즐겨 사용했던 인용구는 '지옥편'의 대단한 거부에서 따온 것이라고 했죠.

지옥의 가장 뜨거운 곳은 도덕적 위기의 시대에 중립을 유지하는 자들을 위해 예약되어 있습니다.

아주 비슷하죠.

반면에 파멸적인 제1차 세계대전과 볼셰비키 혁명을 소재로 한 중요한 시 한 편은 이런 주장을 맹렬하게 펼칩니다. 즉 철두철미한 신념이 대혼란을 부른다는 거죠.

넓어져가는 소용돌이 속에서 돌고 또 돌면서 매는 매 사냥꾼이 부르는 소리를 듣지 못한다….

모든 것은 산산이 부서지고, 중심을 지탱할 수 없다. 세상은 혼란에 빠져 있고 핏빛 조류가 퍼져나가며 모든 곳에서 순결의 의식이 익사하고 있다.

가장 선한 사람들에겐 확신이 없지만 가장 사악한 무리들은 열정에 빠져 광분한다.

– 예이츠의 시 '재림'

이봐요 예이츠, 태도를 명확히 하세요!

예이츠는 뉴스 소비자의 전형이죠. 어떤 이슈에서든… 도덕적 용기를 보는 사람이 있으면, 비난받을 편견을 보는 사람도 있거든요.

2009년 여론조사에서 60%의 응답자들이 뉴스매체들이 편향되어 있다고 답했습니다. 1985년의 45%에서 늘어난 수치였죠. 두 번의 조사에서 모두 진보적 편향성을 주로 지적했습니다.

그리고 실제로, 기자들은 일반 대중들보다 자신들이 더 진보적이라고 판단합니다.

미 해군 전함 편향성

2006년 〈뉴욕타임스〉의 발행인 아서 설즈버거 주니어는 뉴욕 주립대학에서 졸업생을 상대로 연설을 했습니다.

이렇게 될 것이라고는 예상하지 않았습니다.

여러분이 졸업하면서 아직도 기본적인 인권을 위해 투쟁하고 있는 세상 속으로 들어가야 한다고는 생각하지 못했습니다. 세상은 여전히 이민자와 동성애자 그리고 여성의 권리를 두고 논쟁하고 있습니다.

STATE UNIVERSITY OF NEW YORK
NEW PALTZ

여러분이 여전히 석유가 정책을 좌우하고, 환경보호론자들이 끊임없는 싸움을 벌여야만 하는 세상 속으로 들어갈 것이라고는 생각하지 않았습니다. 그렇게 생각하지 않았지만, 현재의 여러분은 그렇습니다. 그래서 여러분에게 미안합니다.

정직하게 말하겠습니다. 〈뉴욕타임스〉에 실린 기사들을 읽고는 토할 수밖에 없었어요.*

* 미국 라디오 토크쇼인 〈러시 림보 쇼〉의 진행자 러시 림보의 말. 독설가이자 극우 성향을 띤 보수 논객으로 유명하다.

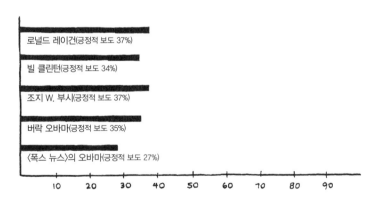

설즈버거는 진보적인 사람 같군요. 그의 신문도 진보적일까요?

대부분의 미국인들은 〈타임스〉를 읽지 않지만, 자신의 견해를 밝히는 사람들 중에서 5명 중 1명의 민주당원은 이 신문에 호의를 보이며, 2명 중 1명의 공화당원들은 이 신문을 싫어합니다.

버지니아 공대의 짐 카이퍼스는 2002년의 연구에서 〈타임스〉를 포함한 116개 신문을 조사했습니다. 그는 신문 업계는 주로 진보적 신념이라는 협소한 범위 내에서 운영되고 있다는 결론을 내렸습니다. 극좌에 속하는 신문들은 무시당하고 있으며, 중도적이거나 보수적인 견해를 갖고 있는 것으로 파악된 신문들은 폄하되거나 '소수 의견'으로 분류되었죠.

하지만 진보적인 미디어 감시자들은 주류 미디어가 진보적인 의견보다 보수적인 의견을 훨씬 더 많이 인용한다는 것을 알아냈습니다. 기자들을 상대로 한 여론조사를 통해 기자들이 사회문제에는 진보적이지만 경제문제에는 보수적이라는 것을 알게 되었던 거죠. 그들은 '피리 연주자에게 돈을 지불하는 사람에겐 곡을 요청할 권리가 있다(비용을 부담하는 자에게 결정권이 있다)'는 것 그리고 진보주의의 요새가 되기 힘든 소수의 다국적기업들이 미디어에 돈을 대주고 있다는 것에 주목했습니다.

그렇다면 과연 진보적인 기자들은 진보적인 보도를 할까요?

조지메이슨 대학의 미디어와 사회문제 연구소는 로널드 레이건과 빌 클린턴, 조지 W. 부시 등 대통령들의 재임 초기 7개월 동안 ABC, NBC, CBS 방송이 보도한 저녁 뉴스를 조사했습니다. 그리고 버락 오바마 대통령이 취임한 날부터 2009년 12월 31일까지의 보도를 분석했죠.

로널드 레이건(긍정적 보도 37%)

빌 클린턴(긍정적 보도 34%)

조지 W. 부시(긍정적 보도 37%)

버락 오바마(긍정적 보도 35%)

〈폭스 뉴스〉의 오바마(긍정적 보도 27%)

10 20 30 40 50 60 70 80 90

확정적인 증거: 미디어는 대통령에게 반대하는 편향성을 갖고 있다.

정치적 편향성에 대한 논쟁에선 누구라도 이길 수 있다. 그래서 매우 따분하다.

분명하게도 미디어는 편향성으로 포위되어 있지만, 여러분이 생각하는 그 정도는 아닐 것이다.

저는 여러분이 다음과 같은 편향성은 걱정해야 한다고 생각합니다.

상업적 편향성

가장 큰 편향성이죠. 뉴스에는 갈등과 계기가 필요합니다. 새로워야 할 필요가 있거든요. 그래서 언론매체들은 이미 보도한 것에 대한 추가 보도는 거의 하지 않습니다. 조지 엘리엇이 말했듯이, 새로운 것만을 갈망하죠.

우리는 사람들이 유별나지 않은 일에 깊이 감동할 것이라고는 기대하지 않는다.

만약 일상적인 인간의 삶에 대해 예리한 통찰력과 감수성을 갖고 있다면, 그것은 마치 풀들이 자라는 소리와 다람쥐의 심장 뛰는 소리를 듣는 것과 같은 일이어서, 그 고요함의 이면에 감춰진 우렁찬 소리로 인해 죽게 될 것이다.

그럼에도 가장 민첩한 사람들은 어리석음으로 가득 차 방황하고 있다.

지금 세 시간째 고속 추격전이 벌어지고 있습니다.

나쁜 소식 편향성

위험이 되지 않는 것들도 걱정할 만큼 우리는 긴장해 있습니다. 그러므로 나쁜 소식을 강조하는 것은 아주 좋은 사업이죠.

이 세상이 실제보다 더 위험하게 보이도록 만드는 겁니다.

현상유지 편향성

다른 조건이 모두 같다면 현재와 똑같이 유지하려는 태도를 가리키는 말이죠.

얻을 수 있는 이익이 확실히 크고, 위험은 아주 적다고 확신할 수 없을 경우 인간은 변화를 거부하는 경향이 있거든요.

현상유지 편향성 때문에 미디어는 급격한 변화를 주장하는 입장은 모두 무시해버립니다.

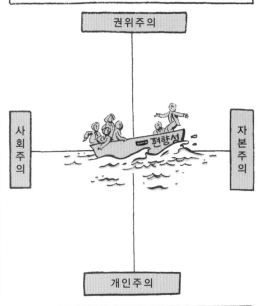

앤드루 클라인의 레토리카 네트워크는 편향성에 대한 예리한 분석을 내놓았습니다. 예를 들어…

현상유지 편향성은 '제도가 원활히 작동한다'는 믿음으로 표현됩니다. 심지어 2000년 대선 당시 플로리다의 부정선거 논란을 보도할 때도 그랬습니다.

"주류 미디어는 정치제도의 **구조**에는 절대 의문을 품지 않습니다. 정치적으로나 사회적으로 미국의 방식이 가장 좋다는 거죠…"

"이러한 편향성으로 인해 정부가 어떻게 운영될 수 있으며, 어떤 정부가 일하도록 할 것인가에 대한 **대안적인** 관점들은 완전히 **무시**됩니다."

접근 편향성

기자들은 권력의 중심지를 감시해야 한다고 믿지만, 그곳으로 들어가는 입장료는 터무니없이 비쌉니다. 권력과 반목해야 하고 또 통로는 차단되어 있습니다. 그래서 저널리스트들은 때때로 악마와 함께 숨을 쉬게 됩니다.

기자들은 '고위 정부 관료'의 말을 인용할 때마다, 정보원을 밝히지 않아도 됩니다. 하지만 만약 누가 한 말인지 알 수 없다면, 그렇게 말했던 이유도 확인할 수 없습니다. 우리는 쉽게 속을 수 있게 되는 거죠. 과연 그런 정체불명의 인용이 그럴 만한 가치가 있는 것일까요? 보통은 아무런 가치도 없습니다.

문제는 저널리스트들이 자기 정보원의 포로가 되어버릴 때, 스톡홀름 신드롬에 빠지기 쉽다는 사실입니다. 자신을 감시하는 간수에게 감정이입을 하게 되는 거죠.

결국 독점적인 기사를 공급받았을 때 고마워하게 되는 건 자연스러운 일이거든요.

워싱턴 언론계가 매년 정치인들을 위해 개최하는 여섯 개의 공식 파티 중 어느 한 곳에서라도 유력 인사의 포옹을 받았을 때 우쭐해지는 건 자연스러운 일이죠.

기자들은 대통령 선거 유세가 시작될 때 존 매케인과 조지 W. 부시를 비교적 우호적으로 다루었습니다. 그들이 기자를 좋아하는 것 같다는 것이 부분적인 이유였습니다. 당시 〈뉴욕타임스〉는 이렇게 언급했죠. 부시는 '기자들의 등을 두드릴 뿐만 아니라 머리를 쓰다듬거나 가끔은 뺨을 슬쩍 꼬집기도 했다.'

친분에 의존하는 저널리스트가 겪는 최대의 위험은 자기 검열입니다.

CNN 뉴스의 국장이었던 이슨 조던은 CNN이 바그다드의 지국과 그곳의 직원들을 보호하기 위해 몇 년 동안 후세인의 이라크에서 벌어지고 있던 끔찍한 탄압과 관련된 기사들은 다루지 않았다고 했습니다. 조던이 노력했음에도, 최소 한 명의 CNN 취재원이 끔찍하게 죽음을 당했습니다. 그렇다면 왜 효율적으로 활용하지도 못하는 지국을 유지하는 걸까요?

전설적인 워싱턴의 기자 I. F. 스톤은 오프 더 레코드 사건들을 멀리했던 것으로 유명했습니다. 그 대신 다른 기자들이 무시하는 정부 문서들을 파고들어 평범한 자료에 감추어져 있는 기사들을 특종으로 만들어 보도했습니다.

하지만 그런 일은 취재 대상보다 기자들이 종종 더 화려하게 빛을 발하는 매력적인 도시에서는 전혀 매력이 없는 일입니다.

시각 편향성

시각적인 요소가 있는 뉴스는 더 많은 관심을 끌 수가 있죠.

예를 들어, 〈워싱턴 포스트〉는 이라크 전쟁 3개월 전에 억류자들의 고문을 다룬 기사로 일면을 장식했습니다.

고문 관련 보도는 2003년에서 2004년에 걸쳐 산발적으로 등장했죠.

하지만 2004년 8월까지는 아무도, 심지어는 미디어도 이런 보도에 주목하지 않았습니다. 하지만 사진들이 주목하도록 만들었죠.

이야기 편향성

제가 좋아하는 편향성입니다. 재미있는 이야기를 좋아하지 않는 사람이 있을까요? 이야기에는 도입과 전개와 결말이 있습니다. 하지만 결말이 전혀 없는 이야기들도 있습니다. 항상 전개 중이죠. 이야기의 악몽이라고 할 수 있습니다.

어떤 문제를 잠정적인 결말로 고착시키려 하다 보면, 기사는 실제보다 한층 더 확정적으로 작성됩니다. 그래서 우리는 이렇게 줄줄이 이어지는 기사를 보게 되는 겁니다.

이야기의 가장 훌륭한 장점은, 일단 줄거리와 인물들에 대한 기본틀이 만들어지면 대통령 선거 기간처럼 동일한 주제의 기사를 쓸 때마다 두고두고 다시 활용할 수 있다는 점입니다.

융통성 없는 사내

거짓말쟁이 도덕군자

선거 기사의 전형적인 줄거리는: 누가 이 경마에서 이기고 있는가.
세부적인 기사의 전형적인 줄거리는: 경마에만 집중하던 기자들이 어떻게 대중을 만족시키지 못하게 되었는가.

나약한 친프랑스파

교활한 거세녀

구세주

등장인물들은, 당연하게도 그때마다 바뀝니다.

팻 로버트슨과 제리 폴웰… 그들은 편협한 사람들입니다….

나는 전미총기협회가 공화당에 도움이 될 것이라고는 전혀 생각하지 않습니다….

임신중절 합법화에 반대하는 우리 당의 강령은 강간, 근친상간 혹은 산모의 생명 보호와 같은 예외적인 경우는 허용하도록 개정해야 합니다.

매케인 2000 ★솔직대담 급행★

하지만 가끔은, 예를 들어 지금까지 언론의 사랑을 받던 사람이 이야기를 바꾸게 되면, 기자들은 할 수 없이 원고를 다시 써야만 합니다. 그건 매우 성가신 일이죠.

난 더 이상 그런 것들을 믿지 않습니다.

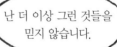

매케인 2008

자신의 제안이 퇴짜를 맞자, 그는 광장으로 들어오던 이라크 사람들에게 로프와 대형 해머를 주었습니다.

인근 호텔에 진을 치고 있던 기자들은 이라크 사람들의 헛수고를 지켜보기 위해 몰려나왔습니다.

기자들이 몰려들자 해병대가 투입되었고, 그중 한 명이 사담의 얼굴을 성조기로 덮었지만…

성조기는 급히 제거되었습니다.

점령군처럼 보이고 싶지는 않거든요.

본사 편집자들의 부추김을 받은 기자들은 사람들이 많이 모인 것처럼 보이도록 근접촬영을 하여, 영광의 순간을 담은 영상과 함께 신속하게 전쟁이 끝났다는 소식을 보냈습니다.

그날 케이블 뉴스들은 그 감격적인 영상으로 세계의 이목을 집중시켰습니다. 〈폭스 뉴스〉는 4.4분마다, CNN은 7.7분마다 그 장면을 재방영했죠. 그때라도 전체적인 장면을 촬영해 그 광장을 적절한 맥락으로 보여줄 수도 있었습니다.

그렇게 할 수 있었지만, 그렇게 촬영된 장면은 이야기와 어울리지 않게 되죠.

공정성 편향성

저널리스트들은 상반된 견해에 동등한 지면을 제공하여 공정하게 보이려고 부단히 애를 씁니다. 진보적 편향성에 대한 비난을 피하기 위해 종종 오른쪽으로 기울어지기도 하죠.

적절한 예: '진실을 위한 쾌속정 참전용사들'

공화당 선거자금 기부자들의 지원을 받는 이 단체는 민주당 대선 후보인 존 케리에게 공세를 펼쳤습니다. 이 단체는 광고를 통해 케리가 베트남 복무 중에 받은 무공훈장 두 개 중의 하나와 명예 상이훈장 세 개 중의 두 개를 받기 위해 거짓말을 했다고 주장했죠.

그들의 비난을 모든 라디오 토크쇼에서 다뤘으며, 지역 TV와 신문에서 수백 번에 걸쳐 기사화되었습니다. 주류 언론에서는 그 논쟁을 신중히 다루었지만, 그들의 광고는 자유롭게 TV에 방영되는 혜택을 누리고 있었습니다.

해군의 기록과 케리의 동료 승무원들에 의해 진실은 곧 밝혀졌습니다. 하지만 그들이 제시한 명확한 증거들은 공정성 편향성을 가장 극명하게 보여주는 주류 미디어의 모호한 보도라는 늪에 빠져 제대로 알려지지도 않았죠.

만약 그런 비난들이 실제로… 근거가 없는 것이라면… 왜 이처럼 널리 공감을 얻고 있을까요?

NBC 방송의 팀 러서트도 분명 그 이유를 알고는 있었을 것입니다. 수주일 동안 주류 언론에는 공정성 편향성의 교과서적인 사례라 할 불공평한 두 진영의 '동등한 보도'가 넘쳐나고 있었죠.

균형이라는 겉모습을 추구하다 진실을 왜곡했던 것입니다.

정치 공방에서는 공정성 편향성이 가장 중요하게 보이기도 합니다. 하지만 결국 이야기는 모두 다 정치적이죠.

그래서 2005년 만우절에 〈사이언티픽 아메리칸〉지의 편집자들이 비평가들에게 신경질적인 반응을 보였던 것이죠.

되돌아보면, 우리 잡지의 진화에 대한 기사는 끔찍할 정도로 일방적이었습니다.

편집장 존 레니

수십 년간 매호마다 찰스 다윈과 그의 친구들의 생각을 지지하는 논문을 게재해왔습니다.

종의 기원

찰스 다윈

맞습니다. 자연선택을 통한 진화라는 이론은 '생물학 전체를 통합하는 개념이며 역사상 가장 위대한 과학적 인식'이지만, 그렇다고 해서 그 이론의 광신자가 돼버린 것을 변명할 수는 없습니다.

훌륭한 저널리즘은 무엇보다 균형을 존중합니다. 독자들에게 모든 사람의 생각을 동등하게 제공할 의무가 있으며, 어떤 이론이 단순히 과학적으로 신뢰할 근거가 부족하다는 이유로 무시하거나 의심해서는 안 됩니다.

또한 과학자들이 자신의 분야에 대해, 이를테면 상원의원이나 베스트셀러 작가보다 더 잘 이해하고 있다는 잘못된 생각에 굴복해서도 안 됩니다.

쥬라기 공원
크라이튼
공포의 제국
스피어
콩고 크라이튼

에어 프레임
타임라인
크라이튼

게다가 정치인이나 이익단체가 거짓이나 오해할 만한 것들을 말해도, 저널리스트로서 비평이나 반론 없이 인용해 보도하는 것이 우리의 의무입니다.

그렇게 하지 않는 사람은 엘리트주의자일 것이며, 그러므로 잘못된 일입니다.

편집장 존 레니

전쟁과 미디어

"…안개나 달빛과 같은 몽롱한 상황에서 발생하는 모든 행위는 종종 사물들을 기괴하게 보이게 하거나 실제보다 더 커다랗게 보이게 한다…."

"전체가 보이지 않고 흐릿한 불빛 속에 감춰져 있는 것들은 모두… 재능있는 사람들에 의해 추정되어야만 하며 그렇지 않을 경우에는 운에 맡겨야 한다."

– 카를 폰 클라우제비츠(1780~1831),
군인이며 전술가.

미디어의 모든 편향성은 전쟁 관련 보도에서 극단적으로 나타납니다.

상업적 편향성은? 매일 벌어지는 전투, 자동차 폭탄, 미사일 공격, 참수 등과 같은 어떤 행위의 맥락은 전쟁과 관련된 보도에서 가장 심하게 훼손됩니다.

애국심과 관련된 문제이므로, 현상유지 편향성은 다른 어느 때보다 한껏 기승을 부리게 됩니다. 국가가 위기에 처해 있을 때 기자들은 무리하게 지도자를 비난하지 않습니다. (그리고 그 어떤 공격이든 터무니없는 것처럼 보이기도 하죠.)

접근 편향성은? 군대는 기자들을 차단하고, 추방하고, 가둘 수도 있습니다. 또한 그들의 생명을 구할 수도 있죠. 제복을 입은 친구들이 없다면, 종군기자들은 훨씬 더 위험해집니다.

전쟁터에 대한 설명에서부터 위성 자료들은 물론 비전문가가 제공한 핸드폰 영상에 이르기까지, 새로운 기술의 발달로 시각 편향성은 점점 더 커지게 됩니다.

나쁜 뉴스 편향성이야말로 전쟁 이야기의 완결편이라 할 수 있죠.

이야기 편향성은 교전이 시작되기 훨씬 전부터 작동합니다. 정부는 작전 계획과, 전쟁 위협 그리고 적군의 악행에 대한 이야기를 공급하죠. 아기들을 죽이는 것과 같은 잔혹 행위 관련 이야기들은 전쟁이 벌어질 때마다 재활용됩니다.

그들은 아기들을 끄집어내고 인큐베이터를 가져갔어요. 아기들은 차가운 병실 바닥에서 죽어갔습니다

1990년 10월, 15세 소녀 나이라는 자원봉사 중이던 쿠웨이트 시티의 병원에 이라크 병사들이 난입했던 사건에 대해 의회에서 증언을 했습니다. 시청자들은 쿠웨이트에 억류되어 있던 가족을 보호하기 위해 그녀의 이름을 다 밝히지 않겠다는 말을 들었죠. 사실 그녀의 이름은 나이라 알 사밥으로 주미 쿠웨이트 대사의 딸이었습니다. 그리고 그 잔혹 행위에 대한 이야기는 홍보대행사인 힐 앤드 놀턴의 도움을 받아 꾸며낸 것이었습니다.

1991년 1월, 가까스로 과반수를 넘긴 52명의 상원의원이 참전결의안에 찬성했습니다. 그 인큐베이터 이야기가 영향을 끼쳤을 것이라고 믿는 사람들도 있습니다.

아기들의 죽음이나 메인호와 루시타니아호의 침몰, 통킹만 공격 사건 혹은 사담 후세인의 대량살상 무기 등 전쟁 개시의 전제들은 흔히 부분적 혹은 전체적인 날조에 근거하고 있습니다. 이것은 기본적으로 국민들이 전쟁을 해야 한다는 결론을 내릴 것이라고 정부가 믿지 않기 때문입니다.

이러한 조작에 맞서는 최선의 방어책은 더 많은 보도를 하는 것이지만, 그동안 지켜보았듯이 저널리스트들은 그러한 날조극을 경솔하게 믿어버리곤 합니다.

여러분은 지금 여기에서 공정성 편향성은 거론하지 않고 있다는 것을 알아차렸을 것입니다. 공정성 편향성은 전쟁이 진행되는 동안에는 제대로 작동하지 않습니다. 종군기자였던 크리스 헤지스는 종군기자들이 급박하게 벌어지는 전투에 조금씩 조금씩 중독된다고 합니다. 심지어 말투까지 점점 거칠어지면서 자신들이 직접 본 것을 왜곡하기도 한답니다.

"그들 역시… 전쟁의 원인을 받아들이게 되기 때문입니다. 그들은 한층 회의적인 태도로 기사를 작성하고, 확연하게 더 많은 거짓말과 그릇된 생각들을 보도하게 됩니다. 하지만 그들은 진심으로 그것을 믿고 있으며 우리들도 모두 믿게 만듭니다."

종군기자들은 전투에 초점을 맞춥니다. 전투를 하는 이유는 전장의 안개 속에서 사라져버리고 마는 것입니다. 그리고 일단 사라진 그것을 복원하는 데에는 아주 오랜 시간이 걸립니다.

1854년 〈런던타임스〉의 기자 윌리엄 하워드 러셀은 크림반도에서 영국 경기병 여단의 돌격 상황을 보도했습니다.

11시 10분… 자부심으로 똘똘 뭉친 그들은 아침 햇살 속에 화려한 빛을 발하며 위풍당당하게 진격해나갔다.

11시 35분… 모스크바 병사들의 총칼 앞에서 죽거나 죽어가고 있는 병사들 외에는 단 한 명의 영국 병사도 남아 있지 않았다.

그는 부실한 급식과 잘못된 지휘로 부상당하고 죽어가던 병사들에 대한 기사를 작성했습니다.

앨버트 왕자는 노발대발했죠.

이런 엉터리 삼류작가!!

러셀의 기사는 정부에 반대하는 여론을 형성했으며, 역사상 최초의 군사 검열 명령을 촉발시켰습니다.

그 후로 적군에게 도움이 되는 내용을 보도하는 기자들은 추방할 수 있게 되었습니다.

러셀은 '전쟁 보도의 아버지'로 불리게 되었죠. 정확하지는 않지만 그는 이렇게 말했습니다.

나는 불운한 부족의 비참한 선조입니다.

몇 년 후 그는 기자신분증이 취소될 때까지 미국의 남북전쟁을 취재했습니다.

남북전쟁에서는 사진과 전신이 처음으로 널리 활용되었습니다. 1844년 새뮤얼 모스는 자신이 고안한 장비를 선보이며 이러한 내용을 타전했죠.

* 하느님께서 어떤 일을 이루신 것일까요?

재미있는 질문이군요.

새로운 기술이 제공한 신속성은 전쟁 드라마에 대한 욕구에 불을 지폈습니다.

자네가 취재할 수 있는 것은 빠짐없이 타전하고, 뉴스가 없을 때는 소문이라도 보내도록 하게.

전신기를 마음껏 활용하는 사람들도 있었지만, 그것이 가져온 **혼란스러움**에 몸서리를 치는 사람들도 있었습니다.

이것은 대기를 온통 **거짓말**들로 채워 햇빛을 가리고 있습니다. 그로 인해 우리가 읽는 모든 것을 **의심**하도록 만듭니다. 십중팔구 그것이 **거짓말**이라는 사실을 우리가 알고 있기 때문이죠.

익히 들어왔던 말이네요.

92

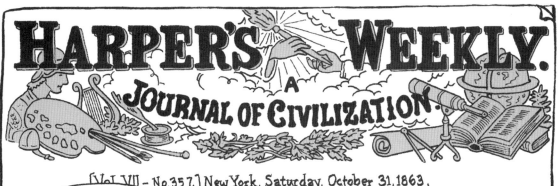

컴벌랜드의 부대, 앤더슨 골짜기에서 반란군의 공격을 당하다

시어도어 R. 데이비스의 삽화

우리는 689, 692, 696, 697페이지에 컴벌랜드 부대의 삽화를 게재했다. 696, 679페이지에서는 토머스 장군 휘하의 영웅들이 위기를 모면하고 자신은 물론 지휘자까지 영광스럽게 지켜냈던 치카모가 전투에 앞서, 반란군과 위풍당당하게 방어전을 펼치는 멋진 전투 장면을 확인할 수 있을 것이다.

689, 692페이지에는 이 전투에 이어 벌어진 경기병대의 작전을 묘사한 세 개의 삽화를 재현했다. 삽화를 그린 시어도어 R. 데이비스 씨는 다음과 같은 글을 보내왔다.

1863년 10월 7일, 채터누가, 그레인저 소장의 본부

폭풍우가 휘몰아치는 가운데 브리지포트에 도착했으며, 나는 한밤중에 마을 한켠의 철도 플랫폼 밑으로 들어가 아침까지 머물렀다. 아침이 되어 밖으로 기어 나가 충분히 탐문한 끝에 채터누가로 이어지는 길을 발견했다. 안전한 이동로와는 60마일밖에 떨어져 있지 않았다. "하지만 휠러 장군이 브래그 부대의 경기병 전체를 이끌고 그 이동로에 머물고 있습니다"라고 척후병이 보고했다. 간밤에 나와 함께 벙커에 머물렀던…. (689페이지로 이어짐)

잉크로 더럽혀진 군대에 격노한 윌리엄 T. 셔먼 장군은 그들을 전선에서 추방시켰지만… 사실은 **바다**에 빠뜨려 버리고 싶었을 겁니다.

니는 그들을 스파이로 간주한다. 사실 그들은 스파이다.

기자들은 거짓말을 했습니다. 그들은 극비 전쟁계획서를 빼돌리기도 했고, 비극적인 작전 실패들을 폭로했습니다. 그로 인해 육군 장관 에드윈 스탠턴은 **기자증과 언론보도문**이라는 새로운 무기를 군수품 목록에 추가시켰죠.

우리는 전선에서 추방되었고, 신문은 육군이 제공하는 언론보도문을 게재하게 되었죠. 편집도 안 한 채!

또한 스탠턴은 모든 전신망을 통제했습니다.

보도금지를 강요해 말도 안 되는 소문들이 그 빈자리를 채우게 됐죠.

물자 공급이 부족했던 남부의 신문사들은 벽지에 인쇄를 했죠. 북부의 편집자들은 신문지상에서 서로에게 욕설을 퍼부으며, 링컨의 전쟁 전략을 맹비난했죠. 〈뉴욕 트리뷴〉지의 편집자였던 호러스 그릴리는 **미쳐 날뛰는** 훈수꾼이었습니다.

1862년 3월 29일, 〈하퍼스 위클리〉

노예제 폐지를 위한 그의 전쟁 광기가 북군 장군들에게 악영향을 끼쳐 불런에서 참패를 당한 것이라고 주장하는 사람들도 있었습니다.

하지만 〈트리뷴〉지는 앤티텀에서 명예를 회복하게 됩니다.

1862년 9월 17일은 미국 역사상 가장 잔인했던 날이었습니다. 〈트리뷴〉의 기자 조지 스몰리는 은밀하게 조 후커 장군의 부대원으로 참전했습니다.

동틀 녘부터 20만 명이 미친 듯이 날뛰었던 맹렬하고도 절망적인 전투였다.

…피범벅이 된 창백한 얼굴들이 도처에 나뒹굴고 있다. 슬픔에 싸인 그들은 공포에 질려 있다….

그는 '공평하지는' 않았지만 정직했고, 용감했으며 또 명쾌했습니다. 그의 기사는 미국 전쟁 저널리즘의 귀감이 되었죠.

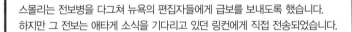

스몰리는 전보병을 다그쳐 뉴욕의 편집자들에게 급보를 보내도록 했습니다. 하지만 그 전보는 애타게 소식을 기다리고 있던 링컨에게 직접 전송되었습니다.

다행스럽게도 적군 포병의 일부가 무력화되었거나 탄약이 부족했던 것 같다…. 나는 이번 전투가 내일의 승전을 알리는 전주곡이라고 믿는다.

탁 탁

스몰리는 조지 매클렐런 장군이 그다음 날에도 계속 전투를 이어나갈 것이라고 예상했지만, 장군은 그렇게 하지 않았습니다.

링컨은 매클렐런을 해임해버렸습니다.

새로운 기술의 활용 또는 남용, 언론보도문, 검열, 소극적인 보도 등… 미래의 전쟁 저널리즘을 위한 기본 틀은 남북전쟁에서 만들어졌습니다.

눈이 부실 정도로 명쾌한 보도 그리고 고귀한 이상과 애국심이라는 열기로 왜곡된 보도 역시 그때 시작되었습니다.

아, 그리고 남북전쟁에서 비롯된 것이 또 있죠.

기명 기사입니다.

전쟁 전에는 기사들이 익명으로 작성되었죠.

헌법 제정자들은 신문지상에서 서로를 공격하기 위해 필명을 사용했습니다.

하지만 언론 보도에 격분한 조 후커 장군은 기자들에게 기사에 이름을 밝히도록 명령했습니다. **그렇게 하고 나서야,**

속이 후련해질 때까지 나에게 욕을 하거나 비판할 수 있을 것이오!

미래의 전쟁에서 군 당국은 당근과 채찍을 교묘히 활용하고, 애국심이라는 거부할 수 없는 힘으로 미디어를 견제하게 됩니다.

1917년에 상원의원 하이럼 존슨이 미국의 제1차 세계대전 참전에 반대하며 그 후로도 줄곧 인구에 회자되는 유명한 이 말을 했다고 합니다.

전쟁이 벌어지면 그 최초의 사상자는 바로 진실입니다.

1916년 대통령 선거에서 우드로 윌슨은 참전에 **반대**하여 재선되었습니다. 1917년에 그는 그 공약을 **버리고** 싶어졌습니다. 그래서 반대의견을 (간첩행위와 선동법으로) 불법화하고 강력한 선전기구를 설립했습니다.

민주주의를 위해, 세계를 안전하게 지켜야만 합니다.

새로 설립된 공공정보위원회(CPI)는 나쁜 뉴스를 통제하고 반대의견을 배신 행위와 똑같이 다루며, 적국을 악마로 꾸며내 전쟁 열기를 확산시켰습니다.

Master Production

가이저

"베를린의 짐승"

An Amazing Exposé of the Intimate Life of the Mad Dog of Europe

일단 전쟁이 시작되면 국민들은 관용 따위는 깨끗이 잊어버릴 거요.

독일식 성을 사용한다는 것만으로도 느닷없이 위험에 빠지기도 했습니다.

...LAND DAILY

노스랜드의 교수

...봉변을 당하다

...TAKEN FROM ...ROOM BY A ...10B

...asked Men Take ...fessor Schimler ...lf Mile From The ...ty.

An American Citizen

CPI의 위원장 조지 크릴은 지정된 어떤 주간에는 2만 건의 신문 기사가 CPI가 제공하는 내용으로 채워지게 될 것이라고 했습니다. 그 내용이란…

독일이 규정한 그런 선전이 아닌… '신념의 전파'를 뜻하는, 진정한 의미의 선전입니다.

퍼싱의 십자군

...PICES OF THE ...ERNM...

프랑스와 영국은 대부분의 기자들을 전선에서 추방시켰습니다. 1919년 연합통신(UP)의 조지 셀더스는 런던에서 취재하던 미국 기자들 중의 한 명이었습니다.

전쟁 첫해에 대해서는 이렇게만 말하겠습니다. 뉴욕과 유럽의 뉴스기사들을 믿이며, 나 자신을 완전한 바보로 만들었다는 것입니다. 객관적인 정보를 거의 확보하지 못한 나는 그들이 쏟아낸 기사들에 압도당했죠.

독일군의 잔혹 행위에 대한 기사들을 모두 활용했습니다. 캐나다 병사를 십자가형에 처했다는* 어느 전도사의 '나무랄 데 없는' 설명도 포함되어 있었죠.

*이 주장에 대한 증거는 전혀 없었습니다.

제1차 세계대전에 참전했던 19개월 내내, 정부는 미군 병사의 시신을 촬영한 사진을 모두 차단했습니다.

우리는 전쟁의 실상은 전혀 볼 수 없었습니다…. 한마디로 우리는 거대한 연합 선전기구의 일부분이었죠. 그들의 목적은 어떤 희생을 치르더라도 군의 사기를 유지하는 것이었고 머뭇거리는 미국을 그 대량 학살에 끌어들이는 것이었죠.

…우리는 모두 어느 정도는 그 전쟁에 대해 거짓말을 한 셈입니다.

전쟁이 끝나자 기자들은 독일로 잠입했습니다. 그들 중 셀더스는 독일군 총사령관인 파울 폰 힌덴부르크를 인터뷰했죠.

아르곤에 주둔해 있던 미국 보병이 전쟁에서 승리했습니다. 이제 요구 조건들을 제시할 일만 남아 있을 뿐입니다.

퍼싱 장군은 그 인터뷰를 검열하고 삭제했습니다. …그리고 셀더스와 독일로 건너간 다른 기자들을 휴전 협정 위반으로 **군법회의**에 회부했습니다.

독일 사람들은 전쟁 후에 엄청난 고통을 겪었죠. 사회주의자와 공산주의자 그리고 유대인들의 방해 활동 때문에 패전했다고 비난하는 사람들이 많았습니다. 나치스는 그것을 '등에 칼을 꽂는 행위'라고 불렀으며, 그들의 생각은 **대단한 인기**를 끌었습니다.

심지어 영향력이 컸던 힌덴부르크조차 그 말을 인용했습니다. 그러지 않을 이유가 없었던 거죠. 그가 독일은 전쟁에서 패한 것이라고 인정했다는 사실을 아무도 몰랐으니까요.

만약 당시의 그 인터뷰가 퍼싱의 검열을 통과했다면, 신문을 발행할 만큼 문명화된 모든 국가에서는 대서특필이 되었을 것이며, 수백만 명의 사람들에게 깊은 인상을 남겼을 것이다.

그렇게 되었다면, 히틀러의 권력 기반이 된 나치스의 주요 강령들은 무력화되었을 것이며… 그 기사가 인류의 미래를 변화시켰을 것이라고 믿는다.

여기는 런던입니다.

제2차 세계대전은 최초로 널리 '소식을 들을 수 있었던' 전쟁이었습니다. CBS의 취재기자 에드워드 R. 머로는 런던에 주재하고 있었죠. 그는 폭격으로 생명의 위협을 받으면서 폐허 속에서 영국인들이 보여주었던 용기 있는 행동을 전달하여 수백만의 미국인을 그의 라디오방송에 몰두하게 만들었습니다.

지금 지붕 위에 서서… 수많은 국기들을 보고 있습니다. 그들은 지붕 위에 국기가 펄럭이도록 하고 싶은 것 같습니다. 그 누구의 지시도 없었습니다.

그리고 백기를 내건 곳은 전혀 없습니다.

전쟁 참전 후 새롭게 설립된 검열국은 언론사들에게 군사작전의 보호를 위해 자발적으로 법령을 따라줄 것을 요구 했습니다. 그들은 그렇게 하겠다고 동의했죠.

SILENTIUM VICTORIAM ACCELERAT

머로는 주로 군복을 입고 있었죠. 그는 '대단한 거부'를 하지 않았습니다.

많은 저널리스트들이 군대에 배속되었습니다. 전설적인 종군기자 어니 파일은 병사들이 겪는 호된 시련과 우직한 용기에 대한 글을 남겼습니다.

…축 처져 있는 그들의 얼굴에 깊게 패인 주름살은 혹독한 피로감을 드러내고 있다.

지나치는 그들의 두 눈에는 증오나 흥분, 절망도 보이지 않는다. …마치 이곳에서 줄곧 이 일만을 하고 있었다는 듯 무덤덤한 표정만이 드러나 있을 뿐이다.

파일은 1945년에 일본군의 기관총에 사살되었으며, 민간인으로는 드물게 명예 전상훈장을 받았습니다. 마지막으로 작성한 글은 그의 호주머니 속에서 발견되었죠.

생존자들은 싸늘한 시신의 기괴한 모습을 영원히 기억하게 된다. 무수히 널려 있는 그 끔찍한 시신들을 보게 된다면, 혐오하는 마음까지 생기게 될 것이다.

정보들은 통제되었습니다. 사상자 수는 날조되었고 패전은 승전으로 탈바꿈되었죠. 게다가 마구 뒤섞인 소식이 퍼져나갔습니다. 다만 1945년 8월 6일에 원자폭탄이 투하될 때만은 **예외**였죠. 백악관은 **그** 이야기를 철저하게 관리했습니다.

"일본은 진주만 상공에서 전쟁을 시작했으며, 그들은 그 몇 배의 보복을 당할 것입니다….":

"16시간 전, 미 공군기는 일본의 중요 육군기지가 있는 히로시마에 폭탄 한 개를 투하했습니다."

"그것은 원자폭탄으로… 우주의 근본적인 힘을 구현하는 무기입니다."

50년 후, 로버트 리프턴과 그 레그 미첼이 주목했듯이 정부의 첫 번째 공식성명은 부분적인 진실로 시작됩니다. 즉 히로시마에 중요한 육군기지가 있는 것은 사실이었지만, 실제로 폭탄은 그 도시의 중심가에 투하되었던 것입니다.

미국의 정책은 일본의 민간인 중심가에 폭탄을 투하하여 사기를 꺾어버리겠다는 것이었습니다.

정부는 언론사들이 공식 언론보도문을 전면적으로 게재하는 것에 크게 만족했습니다.

CHICAGO DAILY NEWS

미국, 비밀 병기를 내놓다

원자폭탄이 일본을 심판한다

실험용 철탑이 연기 속에 사라지다

스팀슨은 전쟁을 단축시킬 것이라고 한다

믿기 어려운 위력 | 햇빛을 능가하는 섬광 | 트루먼 중대발표

그 언론보도문을 자주 작성했던 오랜 원폭 지지자인 〈뉴욕타임스〉의 기자 윌리엄 '원폭 청구서' 로런스는 국방부에서 급여를 받고 있었습니다.

로런스는 일본 땅을 한 번도 밟아보지 못했던 사람이었죠.

하지만 나가사키에 원폭을 투하한 전투기에는 탑승해 있었습니다.

경이로운 장면입니다. 마치 지구에서 생성된 별똥별처럼 하늘로 치솟아오르는 걸 보았습니다. 전혀 새로운 형태의 존재가 우리들의 눈앞에서 탄생한 것입니다.

로런스는 원자폭탄에 대한 다양한 보도로 퓰리처상을 수상했습니다. 하지만 그 폭탄의 치명적이며 낯선 특징이었던 **방사능**에 대해선 전혀 고백하지 않았습니다.

신속한
사후 조치에 의해
기자들은 히로시마와
나가사키에서
추방되었지만
1945년 9월 2일,
일본의 항복을
지켜보는 자리에서는
환대를 받았습니다.

한편, 호주의 저널리스트 윌프레드 버쳇은 단 하루 동안 히로시마로 잠입해 들어갔습니다.

아주 작은 상처만으로도 고통을 받고 있는 사람들이 많았습니다. 빨리 나을 수 있을 것 같았지만 전혀 그렇지 않았죠. 잇몸에서 피가 나기 시작하다가 피를 토하게 됩니다. 그러고는 결국 죽게 되죠.

나는 이러한 사실들이 전 세계를 향한 경고의 역할을 하리라는 희망을 품고 최대한 공정하게 기사를 작성했습니다.

그들은… 한결같이 원자폭탄이 터질 때 방출된 방사능 때문이라고 했습니다.

정부의 공식입장은 치명적인 방사능은 방출되지 않는다는 것이었습니다. 미국과 일본에서 그와 반대되는 보도는 모두 금지되었죠.

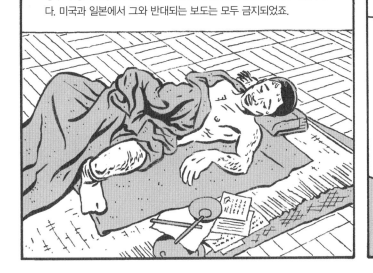

〈뉴욕타임스〉의 윌리엄 로런스는 정부의 입장을 앵무새처럼 되풀이했습니다.

동정심을 유발시키기 위해 선전 활동을 계속하고 있는 겁니다. 일본인들이 설명하는 증상들이 사실처럼 들리지는 않는군요.

〈시카고 데일리 뉴스〉의 기자 조지 웰러는 미군 대령으로 위장하여 폭격으로 폐허가 된 나가사키로 잠입했습니다. 그가 작성한 전문들은 모두 맥아더 장군의 검열에 걸려 폐기되었죠.

검열을 통과한 모든 정보들은 기본적으로 신진용이었습니다.

몇 년 후, 그는 이렇게 말했습니다. 모든 사건에는 정치적으로 이해될 수 있는 순간이 있지만 만약 그때를 놓치게 된다면…

이해받을 수 있는 기회가 다시는 돌아오지 않게 됩니다.

시기적절한 검열의 목적은 단순한 생각을 주입시키기 위한 것입니다.

"그것은 어쩌면 전혀 발생하지 않았던 일일 것이다"와 같은….

1946년 8월, 〈뉴요커〉지는 저널리스트 존 허시가 작성한 '히로시마'라는 기사만으로 전체 지면을 꾸몄습니다.

3천 단어로 작성된 그 기사는 미국을 비롯한 여러 나라에서 방송을 통해 소개되었습니다.

화상은 속옷의 어깨끈이나 멜빵을 따라 일정한 무늬를 만들었습니다. 어떤 여성의 피부에는 입고 있던 기모노의 꽃무늬가 생기기도 했죠.

존 허시…

1945년 이후 이 세상을 핵폭탄으로부터 안전하게 지켜온 것은 전쟁억제력보다는 오히려 기억입니다.

히로시마에서 벌어졌던 일에 대한 기억 같은 것이죠.

60년대에는 저널리스트들이 자유롭게 베트남으로 갔습니다. 제2차 세계대전 때처럼 미디어와 군대는 공동의 목표를 위해 연합했죠.

취재는 용감한 병사들을 부각시키는 데 집중되었습니다. 전쟁 정책에 이의를 제기하는 신문들도 있었지만, 베트남 전쟁은 기본적으로 거실용 전쟁이었습니다.

TV 기자들은 방송국이 기대하는 전투 **장면**을 건지기 위해 매일같이 브리핑에 참석했지만, 실제 **전투** 장면은 거의 보지 못했죠. 너무 충격적이었거든요.

댄 래더 – 베트남 LIVE

하지만, 가끔은 예상치 못한 **잡음**이 발생해 이야기를 혼란스럽게 만듭니다.

1965년 몰리 세이퍼는 해병대를 따라 캄네의 어느 마을로 갔습니다. 해병대는 주민들에게 마을을 떠나라고 명령합니다. 그러고 나서 화염방사기와 지포라이터로 그들의 오두막집을 불태워버렸죠.

그것은 보도 방향에 어울리지 않는 상황이었기 때문에 많은 사람들을 화나게 만들었죠.

화가 난 어떤 사람이 CBS 사장에게 전화를 했습니다.

프랭크, 당신 날 엿먹이려고 그러는 거요?

프랭크, 나 대통령이오.

누구시죠?

…어제 당신 애들이 미국 국기에 똥칠을 했단 말이오.

1968년 1월, 월맹의 정규군과 게릴라군 7만 명이 음력 설날을 기해 연합 공격을 시작했습니다. 이른바 구정 대공세였죠.

월맹군은 엄청난 피해를 입고, 완벽하게 패배했습니다.

사실 월맹군은 그 전쟁의 거의 모든 전투에서 완벽하게 패했습니다.

LIFE

전쟁은 계속된다

하지만 구정 대공세가 미국을 곤경에 빠뜨렸다고 믿는 사람들이 많았습니다. 그들은 미디어가 구정 대공세에서 거둔 승리를 정치적 패배로 변질시켰다며 비난했죠.

이번 구정 대공세에서 누가 이기고 누가 진 것일까요? 나는 확신할 수가 없습니다.

우리는 **진퇴양난의 궁지**에 몰린 겁니다.

월터 크롱카이트

비평가들, 특히 국방부에 소속된 사람들은 미디어가 진실을 왜곡했으며, 스스로를 지키려는 미국의 의지를 약화시켰다고 회고합니다.

너무 오랫동안… 우리는 '베트남 전쟁 증후군'에 빠져 있습니다.

로널드 레이건

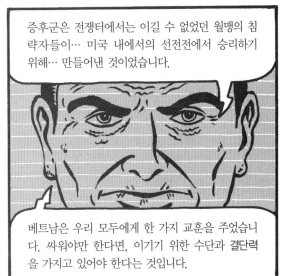

증후군은 전쟁터에서는 이길 수 없었던 월맹의 침략자들이… 미국 내에서의 선전전에서 승리하기 위해… 만들어낸 것이었습니다.

베트남은 우리 모두에게 한 가지 교훈을 주었습니다. 싸워야만 한다면, 이기기 위한 수단과 결단력을 가지고 있어야 한다는 것입니다.

과연 미디어가 베트남 전쟁을 망쳤던 것일까요?

'베트남 전쟁 증후군'은 그 후로도 오랫동안 사용되고 있는 표현입니다. '신뢰의 위기'도 그때 만들어진 표현이죠.

1960년대 초에는 기자들이 전쟁 이면의 정책에 의문을 품지 않았습니다. 기껏해야 전술에 대한 이견만을 가지고 있었죠. 하지만 전투가 오래 지속되면서, '5시 정각의 풍자극'이라 불리던 사이공의 일일 브리핑에는 종군기자들이 직접 확인했던 사실과 반대되는 내용들이 점점 더 많아졌습니다.

기자들은 남 베트남군이 효율적으로 운영되고 있으며 농민들의 마음을 얻기 위한 군사작전이 성공을 거두고 있다는 정부의 주장을 인용해 보도했지만, 그 두 가지가 모두 진실이 아니라는 것을 확인할 수 있었습니다. 기자들은 결국 현실은 불가피하게도 반전 분위기로 돌아서고 있다는 사실에 직면해야만 했습니다. 그로 인해 그들은 정부의 공식적인 경과보고를 거부하고 직접 확인한 사실들을 보도했죠. 하지만 전쟁에 반대하는 대중들의 생각을 되돌릴 수는 없었습니다. 그렇다면 무엇이 그렇게 만든 것일까요?

미국인들은 전투로 인한 사상자의 수가 많아지면서 점점 더 지쳐갔습니다. 미 육군 군사역사연구소의 윌리엄 해먼드는 갤럽의 여론조사를 인용하여, 미군 전사자 및 부상자의 수가 10배 단위로 늘어날 때마다 (1,000명에서 10,000명 그리고 100,000명) 대중의 지지는 15포인트씩 떨어졌다고 밝혔습니다.

구정 대공세 이후, 크롱카이트는 적군이 거듭되는 패전을 견뎌내면서 그 수가 지속적으로 늘어나고 있다면 '승전'은 의미가 없다고 했습니다. 하지만 그가 미국이 진퇴양난에 빠졌다는 함축적인 표현을 사용할 무렵, 백악관에 대한 대중의 신뢰는 이미 오래전부터 떨어지고 있었습니다.

해먼드는 결과적으로 대중들이 등을 돌리도록 만든 것은 보도기관이 아니라 허술한 전략과 전쟁 자체에 대한 잘못된 첩보였다고 기록했습니다.

존슨 대통령은 크롱카이트가 저녁 뉴스에서 그런 사실들을 언급할 때까지 현실을 직시하지 않으려 했던 것이죠.

1991년 초 아버지 부시는 쿠웨이트를 침공한 이라크군에 맞서 50만 병력을 파병하겠다며 지지를 요청했습니다. 그는 베트남에서는 '한 손을 등 뒤로 묶어둔 채' 전쟁을 치른 것이라고 표현했습니다. 그 직후 매사추세츠 대학 애머스트 캠퍼스에서 실시한 조사에 따르면 79%의 미국인들이 그의 말에 동의했다고 합니다.

조사대상자들은 베트남 전쟁 당시 베트남의 사망자 수를 묻는 질문에 평균적으로 10만 명 정도일 것이라고 대답했습니다. 하지만 그것은 200만에 달하는 실제 사망자 수의 20분의 1에 불과했죠. 연구자들은 이렇게 결론을 내렸습니다.

"베트남 사람들이 겪었던 참변은 축소되어 알려졌으며, 그것은 반전운동으로 무기력해진 우유부단하고 열의 없는 군사작전이었다는 이미지와 쉽게 맞아떨어졌다."

레이건 대통령의 견해는 널리 공감을 얻게 되었고, 대부분의 미국인들은 미디어에 재갈을 물리려는 국방부의 결정을 지지했습니다.

1990년과 1991년에 이라크와 벌였던 30일간의 공중전과 4일간의 지상전 기간 동안, 미디어는 지도와 최첨단 영상자료는 풍부하게 제공되었지만 민간인 사상자에 대해서는 단 한마디도 언급되지 않았던 일일 브리핑에 참석했습니다. 브리핑에서는 오직 최첨단 무기를 활용한 '요란스러운 폭격'만을 강조했습니다.

선별된 기자들로 구성된 '합동취재단'이 전투 지역에 동반하여 나머지 미디어들에게 속보를 제공해주었습니다. 그들이 작성한 기사는 보안 담당자의 검열을 받았으며, 더 이상 '뉴스'가 아니게 될 때까지 발표도 못하는 경우도 있었습니다.

〈디트로이트 프리 프레스〉의 기자 프랭크 브루니는 조종사들에 대해 '경솔하다'고 표현한 자신의 기사 문구가 '자부심에 찬'으로 바뀌어 발표된 것을 확인했습니다. 이런 문제가 보안과 어떤 관계가 있는 것인지 알 수가 없었죠.

한편, 텔레비전은 정말 효율적인 전쟁이었다는 열광적인 평가들을 널리 퍼뜨리고 있었습니다.

시청자들은 퇴역 장성들의 견해는 수없이 들을 수 있었지만, 반대 의견은 거의 없었습니다.

실제로 애머스트 연구조사는 사람들이 TV를 더 많이 시청할수록, 분쟁과 정치역학 혹은 그 지역의 역사에 대해서는 더 모르게 되었다는 사실을 밝혀냈습니다.

연구원들은 "이러한 경향과 부합되지 않는 단 한 가지 사실이 있다면 패트리엇 미사일을 구분하는 능력뿐이었다. 이것이야말로 텔레비전의 중요성에 대한 슬픈 고발인 것이다"라는 글을 남겼습니다.

하지만 현장기자들이 없었기 때문에, 승리를 거둔 전투가 보도되지 않는 경우도 있었습니다. 그래서 국방부는 이라크 전쟁에 박차를 가하고 있던 2003년 갑작스럽게 태도를 바꾸었습니다. 기사들을 군부내에 **파견**할 수 있게 했던 것입니다.

하지만 **규정**은 **엄격**했죠. 국방부가 지정한 부대를 한 번 이탈한 저널리스트들은 다시 복귀할 수 없었습니다. 그리고 당연하게도 **일부** 정보는 보도할 수 없었죠.

군대에 대한 신뢰와 존경을 구축하는 것이 국방부의 목적이었습니다.

그리고 비록 TV에는 전혀 노출이 되지 않았지만, 민간인 사망에 관한 기사는 보도된다 해도 그 내용은 우리의 생명과 때로는 **기자**의 생명을 지키기 위해 위험을 감수하는 용감한 병사들에게 집중되었습니다. 파병기자들이 볼 수 있는 현장이 제한되어 있었던 거죠.

미사일이 **발사되는 곳**은 볼 수 있었지만, 그것이 **떨어지는 곳**은 볼 수 없었던 것입니다.

'프레스박스'의 칼럼니스트 잭 셰이퍼는 이렇게 말했죠.

파병기자 프로그램을 기안했던 국방부의 장군은 한 걸음 더 나아가 자신의 견장에 네 **번째 별**을 달고 싶어 했습니다.

기자들을 신병 훈련소에서 훈련시키고 공격 부대와 함께 위험지역으로 투입하여, 이라크 침공에 대한 긍정적인 보도를 이끌어냈던 것입니다.

그것은 수십 년 동안 다람쥐 쳇바퀴 돌리듯 반복하고 짜깁기해왔던 후방 지역의 브리핑에서는 거둘 수 없었던 성과였습니다.

어쩌구, 숫자들, 숫자들, 어쩌구…

이라크에서 '주요 전투 작전'이 벌어지던 첫 6주 동안, NPR의 파병기자였던 존 버넷은 제가 매주 진행하는 '온 더 미디어'에 출연했습니다.

그는 빈틈이 없는 사람입니다. 제한된 것만 보게 될 것을 알고는 있었지만 흔치 않은 기회라는 것 역시 알고 있었습니다. 그건 사실이었죠.

현장에서 3일을 보낸 후, 버넷은 이렇게 전했습니다.

…우리는 참모장을 만났고 부사령관도 만났습니다. 그들은 한결같이 "취재를 위해 무엇을 도와드릴까요?"라고 물었습니다. 예상 밖의 일이었죠.

그래서 아주 만족해하고 있습니다.

현장에서 3주를 보낸 후, 버넷은 이렇게 말했죠….

자기들이 하고 싶은 말을 다 하고 나면 더 이상 아무것도 말해주지 않습니다. 국방부의 구태의연한 관행은 여전해요.

기자회견장을 전투 지역으로 옮겨온 것일 뿐이에요. 그러니 모든 것이 매우 실망스럽기만 합니다.

결국 독자적인 취재를 위해 파견부대를 떠난 버넷은 이렇게 말했습니다.

정말 우연하게도 알타니야의 조그마한 마을에 도착했습니다. …미 공군의 폭격을 당한 곳이었죠.

30명의 남녀와 아이들이 잠을 자던 침대에서 죽음을 맞이했습니다.

미 공군은 탱크를 적중시키는 정밀 유도탄이 있으며 목표물을 놓치는 법은 없다고 말합니다. 하지만 실질적인 설명은 전혀 없습니다.

…지금, 기자들은 그것을 확인할 방법이 없습니다.

11살 된 아들이 G.I. 조를 크리스마스 선물로 받았는데 어니 파일의 인형이더군요.

그걸 보고 정말 깜짝 놀랐습니다. 아시다시피… 종군기자가 영웅이라니요…. 전쟁 원인의 정당성에 모두 공감했던 제2차 세계대전 같은 전쟁은 분명 두 번 다시 없을 겁니다.

"어니 파일 같은 종군기자가 다시 나타날 수 있을까요?"

1967년, 〈에스콰이어〉지에서 베트남전을 취재할 때 마이클 허는 27세였습니다. 10년 후 그는 베트남전을 심층적으로 다룬 책을 발간했습니다.

해병대원들은 대개 친근하게 대해줬지만, 가끔 비인격적인 혐오감을 느낄 수 있었다고 합니다. 마치 기생충을 혐오하는 것과 같은….

그들은 나를 싫어했습니다. 다른 일을 선택할 수 있는데도 자진해서 전쟁터를 찾아온 대책 없는 얼간이라고 생각했죠. 이런 장난질을 위해 생명은 돌보지도 않는 바보라고 여기는 거였습니다.

한번은 어떤 소총수가 그런 혐오감을 있는 그대로 표현하는 것을 우연히 듣게 되었습니다.

저 우라질 새끼들… 그냥 죽어버렸으면 좋겠어.

하지만 허는 기자들 역시 약간 다른 종류의 죽음을 두려워했다고 말했습니다.

전쟁터에 너무 오래 머물러 있으면 우리도 언젠가는 전투를 해야만 하는 저 불쌍한 녀석들처럼 되고 말 거라는 사실을 다들 알고 있었죠. 자신이 **했던** 모든 일에 책임을 져야 하는 만큼이나 자신이 **보았던** 모든 것에도 책임을 져야 한다는 걸 나는 모르고 있었던 거죠. 그걸 전쟁이 가르쳐준 겁니다.

공식적인 거짓말, 상업적인 압력, 공포, 트라우마, 원칙 그리고 애국심에 둘러싸여서 적절하고도 올바르게 전쟁을 보도하기 위해선 전쟁터에서 정체성을 지켜야 합니다. 객관성이 필수적입니다.

하지만 객관성은 불가능하죠.

쩍관성이라구?

미국의 저널리즘에서 객관성은 셀링 포인트(상품의 장점)로서 나타난 것입니다.

신문 가격이 1페니로 떨어졌을 때였죠.

신문 가격이 6센트였을 때, 신문사의 자금은 대부분 재원이 풍족한 정당들과 몇천 명의 부유한 구독자들로부터 조달되었습니다.

하지만 1833년에 〈뉴욕 선〉은 새로운 사업 모델을 시도했습니다. 거리의 이주자와 노동자들에게 판매하여 독자 수를 늘리려고 가격을 대폭 낮췄던 것입니다. 그리고 나서 늘어난 독자 수를 광고주들에게 알려주었고, 광고주들은 신문에 이윤을 안겨주었습니다.

기사의 내용도 변했습니다. 지역 정치, 범죄, 희귀한 사건, 극비 정보를 더 많이 다루었습니다. **뉴스**는 빵과 같은 일용품이 되었습니다. **신선함이 중요해졌습니다.** 에드거 앨런 포의 기구에 관한 날조 기사처럼, **부정확함**은 중요하지 **않게** 되었습니다.

독자 수는 **급상승**했죠.

언제나 그렇듯, 기술은 혁명을 촉진시킵니다. 새로운 윤전 인쇄기의 생산 능력이 거듭 향상되어 거리에는 온통 값싼 신문용지가 넘쳐났죠.

현대적 저널리즘이 시작된 것입니다.

광고는 서푼짜리 신문왕들을 **부자**로 만들었습니다. 그리고 그들은 **모든** 광고를 옹호했죠….

광고수익이 그들의 정치적 독립을 보장한다고 주장하면서…

〈뉴욕 선〉지의 신조는 노동계급 독자들에게 **'모든 뉴스를'** 제공하겠다는 것이었습니다. 하지만 누군가의 '새 소식'은 다른 사람들에게는 **시큰둥한** 소식일 뿐입니다.

"이 정도로 자세한 의회 회의록은 우리 독자들의 관심을 끌지 못할 것이다."

불편부당이 셀링 포인트가 되었지만, 이것 또한 명확하게 구현하기는 어려웠습니다. 그래서 〈뉴욕 헤럴드〉의 발행인 제임스 고든 베넷이 이렇게 주장할 수 있었던 것이죠.

우리는 그 어떤 정당도 지지하지 않을 것이며… 그 어떤 대통령 후보도 선호하지 않을 것입니다. 사실을 기록하기 위해 노력할 것이며… 장광설과 편견을 벗어던질 것입니다.

그럼에도 〈헤럴드〉의 지면에서는 공화당의 대통령 지명자인 에이브러햄 링컨 같은 후보자를 다채롭게 덧칠해대고 있었죠.

올바른 문법도 제대로 모르는 4류 연설자가… 개당 200달러에 구입한 진부하고 교양 없는 원고로 연설을 했다.

이처럼 끔찍한 쓰레기에 대한 답례로… 그는 빈털터리였던 주머니를 공화당 광신주의자들이 제공한 달러로 가득 채웠다.

뉴스는 물론이고 불편부당 역시 발행인의 입맛대로 실현되었던 거죠.

1860년 12월 29일, 〈배너티 페어〉에 실린 만평

그를 괴롭히다.

J. G. B. - 멍멍! 링컨 씨 이리 나오시지.

1896년 애돌프 옥스는 〈뉴욕타임스〉를 사들였죠. 많은 사람들이 인수 목적에 대한 그의 설명을 저널리즘의 숭고한 이상을 **가장** 훌륭하게 표현한 것이라며 자주 인용하고 있습니다.

〈뉴욕타임스〉가 세상의 모든 견해로부터 지성적인 논의를 이끌어내 공평하게, 두려움이나 편견 없이, 당파나 종파에 관계없이, 이해관계에 휩쓸리지 않고 뉴스를 제공하는 것이 나의 진심 어린 목적이 될 것입니다.

사람들은 보통 그의 설명을 여기까지 인용하지만, 그는 이어서 이런 말도 했죠.

또한 〈뉴욕타임스〉는 보편적인 논조에서 벗어나지 않겠지만, 건전 재정과 세율 개혁의 대의에 헌신하고 바람직한 정부와 의견을 같이하는 최저 세금을 옹호하며…

…사회를 보호하는 데 꼭 필요한 것 이상의 정부 규제 반대 등의 입장을 강화할 수 있는 경우에는 예외가 될 것입니다.

사실들을 '공정하게' 검토한 후, 그는 지역 문제에 관해서는 정부의 역할이 없다고 보았던 것이죠.

하지만 그의 주변에는 고통스럽고도 비인간적인 빈곤이 널리 퍼져 있었습니다. 그의 신문을 팔던 소년들의 두 눈에서도 확인할 수 있었죠.

어쩌면 옥스의 증손자인 현재 〈타임스〉 발행인은 그와 똑같이 사실들을 '공정하게' 검토한다면 전혀 다른 결론에 도달할 수도 있을 겁니다.

게다가 〈타임스〉는 이야기보다는 정보를, 독자들의 억측과 감성과 가치관보다는 '사실들'을 더 존중한다고 규정했습니다.

그것은 이룰 수 없는 목적을 향한 저널리즘 최초의 위대한 발걸음이었습니다. 독자들의 감성과 억측, 가치관을 무시하면 이윤이 없기 때문입니다.

그리고 자기 자신을 무시하는 것도 불가능하죠.

사실이란 **독자적으로 입증**될 수 있는 세계에 대한 주장입니다. 가치관은 이 세상이 어떻게 운영되어야 하는가에 대한 믿음을 반영하는 것이죠. 제1차 세계대전 이전에는 기자들이 사실과 가치관을 구분하지 않았습니다.

역사학자 마이클 셔드슨은 그들 대부분이 순진한 경험주의자였다고 말합니다. 감각기관을 통해 받아들인 사실들이 선입관에 의해 변형되지 않고, 있는 그대로의 세계를 드러낸다고 믿었다는 거죠.

그러한 사실들은 세상의 **참혹한** 모습과 딱 맞아 떨어지지만, **기회** 역시 풍부합니다.

그들은 가장 비천한 고아들도 **열심히** 일하면 중산층으로 신분상승을 할 수 있다는 호레이쇼 앨저의 싸구려 소설을 읽고 자란 세대였습니다.

하지만 1920년대에 많은 부상병들이 전쟁터에서 돌아왔습니다. 그들이 참호 속에서 죽어가던 전우들의 사진을 가지고 왔을 때, 심각한 냉소주의가 널리 퍼졌습니다. 수백만의 젊은이들이 섬뜩하고 의미 없는 죽음을 당했던 거죠.

유럽과 미국에서는 정부와 신문들이 거짓말을 하고 있으며, 오랫동안 지켜온 가치관이 새로운 사실들과 부합하지 않음은 물론, 그 어떤 것도 정확하게 **알 수 없다**는 인식이 싹트기 시작했습니다.

그런 자각이 불편한 현실을 있는 그대로 보여주는 리얼리즘 소설로 등장했죠.

나는 신성한 것을 전혀 보지 못했다. 한때 명예로 웠던 것들은 전혀 명예롭지 않았으며, 매장 작업 만 없었나던 선사사를은 시카고의 가축수용소에 있는 살덩이들과 다름없었다.

열여덟 살짜리 애숭이였던 우리는 위정자의 생각을 숭고 한 통찰력과 인도적인 지혜로 받아들였다.

하지만… 첫 번째 포격은 우리의 생각이 틀렸음을 증명했다. 그리고 쏟아지는 포탄 아래에서 그들이 우리에게 가르쳤던 세계는 산산이 부서졌다.

시로도 표현되었죠.

마차가 덜컹거릴 때마다 부패된 거품투성이 폐에서 피가 쏟아져 나오는 소리를 들을 수 있다면, 암처럼 추잡하고 되새김질처럼 견디기 힘들며 깨끗한 혀 위에 돋아난 지긋지긋하게도 낫지 않는 종기 같은 그 말을….
친구여, 그처럼 뜨거운 열정을 담아 말하지는 말게나.
죽음을 불사하는 영광에 열광하는 젊은이들에게 '조국을 위해 죽는 것은 참으로 옳고도 좋은 일이다' 라는 진부한 거짓말은 하지 말게나.

유럽의 새로운 예술운동 은 무의미를 한껏 즐기게 되었죠.

철학자들의 이론이 우리에게 어떤 도움을 주었나? 우리는 존재하고, 의논하고, 논쟁하고, 흥을 느낀다. 그 나머지는 양념이다.

다다의 시작은 예술이 아닌 혐오의 시작이다. 지난 3천 년 동안 우리에게 모든 것을 설명해주었던 철학자들의 고상함에 대한 혐오인 것이다.

인생의 모든 것이 그렇듯, 다다는 아무짝에도 쓸모가 없다. 인생이 꼭 그래야 하듯, 다다는 가식이 없다.

한편, 전시의 선전 산업계는 평화기의 시장을 잡기 위해 애쓰고 있었죠. 지그문트 프로이트의 조카인 에드워드 버네이스는 홍보 업계의 개척자였습니다.

일상에서 일어나는 거의 모든 행위는… 대중의 마음을 조종하는, 보이지 않는 끈을 가진 소수의 사람들이 지배하고 있습니다.

그의 성공작 중에 여성해방의 상징으로서 흡연을 권장하는 광고가 있었는데…

말보로

건강상의 이유로 자기 아내의 흡연만은 열성적으로 반대했죠.

일부 신문들은 버네이스 같은 뻔뻔스러운 조작 전문가와 차별화하기 위해 그들만의 객관성을 강화했습니다.

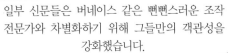

월터 리프먼
자유와 뉴스

저널리즘 이론가인 월터 리프먼은 엘리트 언론이 그들만의 울타리 안에서 객관성을 질식시키고 있다고 비난했습니다.

그들의 상품만으로 판단하면, 옥스 같은 사람들은… 애국적인 그들의 생각이 독자들의 호기심을 조절하지 않으면 문명이 쇠락한다고 믿고 있습니다.

그들은 진실보다 계몽이 더 중요하다고 믿습니다. 간절하게 또 극단적으로 믿고 있죠. 그런 믿음으로 우쭐대고 있는 겁니다.

그들을 옹호하는 사람들은 진실한 의견이 잘못된 생각을 이긴다고 주장하죠.

사실들이 알려져 있을 때만… 진실한 의견이 이길 수 있는 것입니다. 사실들이 알려져 있지 않다면, 거짓 생각들이 효력을 발휘합니다.

과감히 진실을 말하는 것보다 더 숭고한 저널리즘의 원칙은 없습니다.

이런! 약간 뒤로 돌아가야겠네요. 객관성에 대한 정의를 깜빡했어요. 사전에는 '개인적인 느낌이나 편견 혹은 해석에 의한 왜곡 없이 사실이나 상황을 인식된 그대로 표현하거나 다루는 것'이라고 규정되어 있습니다.

보세요, 아무 문제도 없죠.

리프먼은 저널리스트들이 반드시 객관적이어야 한다고 기대하지는 않지만, 신조들은 멀리하고 정신의 훈련과 사실의 면밀한 관찰을 위해 과학적 방법들을 활용해야 한다고 주장합니다. 그는 언론의 객관성이 정신의 상태이기보다는 정신의 과정이라고 보았던 거죠.

일부 언론비평가들은 객관성을 더 축소하여, 감정을 개입시키지 않고 일인칭 대명사를 사용하지 않으면서 꾸밈없는 문장으로 사실들을 중요한 순서대로 제시하는 문체의 문제로 보았습니다.

비록 전후에는 '해석적 저널리즘'이 번창했지만, 정치적 견해를 밝히는 칼럼들은 명확하게 구분했으며, 대부분의 기사에는 필자의 이름을 명기하여 독자들이 누가 쓴 어떤 내용의 글인지 알게 했습니다.

얼마 지나지 않아 대부분의 주류 언론을 지배하고 있던 '황색'은 얼룩덜룩한 회색에게 자리를 내주었습니다. 진화하던 뉴스 비즈니스에 중립적인 색채가 더 적합하게 된 거죠.

신문들이 난립하며 시끌벅적했던 시대에 역사학자 데이비드 핼린은 신문들이 자진하여 활발한 사상의 장터를 보장하는 제1차 수정헌법의 보호막 속으로 들어갔다고 했습니다.

하지만 소규모 신문들이 사라지고 합병을 통해 뉴스 산업이 통합되면서 거대해진 신문사들의 영향력은 점점 더 막강해졌으며, 부자와 권력자들에게 경보를 보내기 시작했습니다. 뉴스 산업계의 거물들도 그 경보를 듣게 되었으며, 그들 역시 부자이고 권력을 가지고 있었죠.

신문사들은 더 이상 구독자를 차지하는 일에 몰두하며 툭 하면 싸우는 어린애들이 아니었습니다.

그들 스스로가 권력을 누릴 자격이 있다는 것을 증명하기 위해 다른 무엇보다, 단순하게 해석된 사실이 아니라 정당하게 인정된 사실들을 숭배한다는 도덕적 철학에 집착하는 것으로 정통성을 인정받을 필요가 있었습니다.

객관성은 일종의 도덕적 후추 분무기라 할 비평가들의 공격을 퇴치하는 데 효과가 있었습니다.

이런 모든 상황이 일부 미디어 집단이 지금도 그리워하는 시대의 기반이 되었던 것입니다. 즉 현재 활동 중인 언론계 거물들의 가치관이 형성되고, 거대한 신문사와 객관적인 TV 뉴스 방송의 시대였던 20세기 중후반의 기반이 된 것이죠.

지금은 또 다른 새로운 기술이 개발되고 있으며, 모든 것이 다시 한 번 변화를 겪게 될 시기입니다.

객관성의 황금시대

미디어 산업은 정치와 기술의 산물입니다.

건국 시기에 신문사들에게 지급된 신문 배달을 위한 보조금은 정치권에 대한 극성스러운 압력을 촉진시켰으며, 정치인들은 국가적 동질감을 구축하기 위해 그 압력을 견뎌야만 했죠.

훗날 분열된 정치 문화계가 미국의 정체성을 두고 격렬하게 논쟁하고 있던 바로 그 시기에 나타난 전신기와 증기 기관 운전기는 폭발적으로 늘어난 이민자와 노동자들의 욕구를 채워주었습니다.

하지만 20세기 중반에는 국민적 합의가 워싱턴 정가의 최우선 과제가 되었습니다. 그리고 미국 역사상 최초로 미디어 역시 국민적 합의를 최우선 과제로 삼았습니다.

갓 시작된 TV 방송은 제작비를 마련하기 위해 광고수익에 의존했으므로, 그들에게는 전례 없는 대규모의 시청자들이 필요했습니다.

또한 방송사들은 방송권은 물론 대부분의 뉴스를 공급받기 위해 정부에 의존했습니다. 또한 그들이 취재한 논쟁적인 이슈들의 전모를 밝히기 전에 일정한 시간을 기다려줄 것을 요구하는 (1949년에 제정된) 새로운 법규에 따라야만 했습니다.

갑작스럽게도 논쟁은 TV 사업에 악재가 되었으며, 그건 정부로서는 바람직한 호재였죠.

그 결과는 공생관계로 나타났습니다. 정부는 냉전 수행을 위해 정치적 합의와 이념적 일치가 필요했습니다. TV는 수익을 내기 위해 미국 주류사회의 도움이 필요했죠. 양쪽은 모두 토론을 제한하고 문화적·정치적 국외자들의 억압을 통해 번창했습니다.

1950년대 중반, 전국 반 이상의 가구가 국가적 거울의 역할을 하던 TV 수상기를 갖게 되었습니다. TV는 백인, 기독교인 그리고 중산층인 대중의 삶을 반영했죠. TV는 특별히 주장하는 것도 없었으며, 표준적인 삶을 규정하고 또 미국을 규정했죠.

CBS 뉴스 프로그램을 마칠 때마다 월터 크롱카이트가 덧붙이던 확고한 언사는, 밤마다 현실을 잘게 썰어 제공하던 저녁식사의 달콤한 마무리였습니다. 무표정한 얼굴로 아무런 양념도 첨가하지 않은 사실들로 만든 것이었죠. (베트남 전쟁에 대한 그의 평결은 변화하고 있던 국민적 합의를 반영하는 한 가지 예외였습니다.)

> 그리고 이것이 사건의 전모입니다.

크롱카이트의 확고한 목소리는 핵무기에 대한 불안이 고조되고 있었음에도, 모든 것이 잘 관리되고 있다는 확신을 심어주었습니다. 어느 여론조사에서 그는 미국에서 가장 신뢰받는 인물로 선정되었죠. 그리고 그를 '월터 삼촌'이라고 불렀습니다.

공산주의자의 협박은 현실이며, 핵전쟁 위협입니다. TV 뉴스는 이런 전제로 뉴스를 시작했죠. 뉴스 방송은 침착하게 전했지만, 공공기관들은 냉전을 부추기는 행태를 보였죠.

끔찍하고 사악한 이데올로기인 공산주의는 인간의 영혼을 파괴하며…

이 내용은 방송사의 논조를 대표하는 것은 아니며…

역사학자 낸시 버나드는 당시 대부분의 기자들이 객관성과 반공주의 간의 모순을 전혀 인식하지 못했다는 것에 주목합니다. 그것이 유일하게 취할 수 있는 태도였다는 거죠.

1951년, 정부는 홍보영화를 통해 핵폭발 섬광을 보게 되면 머리를 감싸고 책상 밑에 숨으라고 학생들을 가르쳤습니다.

다큐멘터리 영화라고 방송한 TV들도 있었죠.

1953년. 정부는 네바다 주 유카 플래츠에 마네킹으로 채운 '파멸의 마을'을 건설하고 그 위에 폭탄을 떨어뜨렸습니다. 이 장면을 모든 방송사에서 중계했죠.

1957년에 CBS는, 가상의 핵 공격에 대비해 오리건 주의 포틀랜드 주민들을 집단으로 대피시키는 내용의 'X라고 불리는 날'을 방영했습니다.

실제 공격이 발생한 것은 아닙니다

…세 시간 내에 수소폭탄이 포틀랜드로 떨어질 수도 있습니다.

당시에는 이런 영화가 전혀 이상하지 않았습니다.

역사학자 대니얼 핼린은 저널리스트의 세계를 세 개의 영역으로 나누었죠.

이 도넛의 **구멍**은 국민적 합의의 영역으로, '모성애와 애플 파이'가 있는 구역이죠. 확실한 가치관과 안정적인 진실이 있는 공간입니다.

도넛은 저널리즘의 달콤한 구역으로, **합리적인 논쟁**의 영역입니다. 여기에서는 이슈들이 미결인 채 토론되고, 철저히 조사됩니다.

대통령 선거 보도는 일단 **당국자들**에 의해 국민적 합의의 영역에서 슬쩍 벗어나게 되면 사회적, 경제적, 심지어는 전쟁 정책들에 대한 논의들처럼 도넛에 속하게 됩니다. 그곳에서 '객관적인' 저널리즘이 번성하게 되죠.

일탈의 영역은 도넛 주변의 공기입니다. 지옥의 변방이죠.

이곳은 '주류사회에서 들을 만한 가치가 없다고 외면하는' 사람과 의견이 있는 장소입니다.

객관적인 기자들은 이곳으로는 가지 않죠.

핼린은, 언론은 '수용할 수 있는 정치적 행위의 한계'를 규정하고 지키는 것으로 감시자의 역할을 한다고 말합니다.

하지만 멀찍이 떨어져서 도넛 전체를 관찰하는 것이 훨씬 더 쉽습니다. 한 백 년쯤 전이면 충분할 것 같군요.

1909년, 미주리 주 상원의원 W. J. 스톤은 침대열차의 식당칸에서 웨이터를 때렸지만 무죄 판결을 받았습니다. 열악한 서비스는 충분한 '도발'이 될 수 있다는 거였죠. 〈타임스〉는 그 판결이 잘못된 것이라며 스톤 상원의원을 비난했습니다.

"그 상원의원은 줄곧 손바닥으로 '찰싹 때렸다'는 표현을 사용하며, '나는 한 남자를 두들겨 팬 것이 아니라 검둥이를 손바닥으로 찰싹 때린 것이다'라고 해명했다. 여행을 자주 다니면서 기차의 식당칸을 이용하는 사람이라면 누구나 이 상원의원의 말에 공감할 수 있을 것이다. 그곳의 서비스는 엉망일 때가 많기는 하다."

"하지만 그 사람을 손바닥으로 때리지는 말았어야 했다. …그 어떤 '도발'도 자제심을 잃은 미국의 상원의원을 정당화시켜줄 수는 없다."

"전형적인 켄터키 사람으로서, 흑인에 대한 그의 경멸은 의심의 여지없이 물려받은 태도이다. …하지만 '검둥이를 손바닥으로 찰싹' 때린 것이지 '한 남자를 두들겨 팬' 것이 아니라는 그의 주장을 미합중국의 많은 주에서 받아들일 것 같지는 않다."

21세기에는 점심식사를 늦게 가져온 웨이터를 때리는 것은 용서받을 수 없으며, 기소당할 수 있는 행위라고 규정합니다. 이러한 견해는 국민적 합의라는 도넛의 구멍과 정확하게 부합하는 것이죠.

1909년 이 문제는 합리적 논쟁의 영역으로 들어갔습니다. 그래서 〈타임스〉는 '객관적인' 검토 후, 그 상원의원이 본인은 물론 그의 공직까지 불명예스럽게 만들었다는 신중한 결론을 내린 거였죠.

그렇다면 무엇이 **일탈**의 영역으로 떨어졌을까요? 바로 **웨이터**의 시각입니다. 그것은 중요하지 않았던 거죠.

사실, 그의 입장에서 혹은 침대열차 웨이터들의 전반적인 불만사항들을 **검토**해보았다면 부적절한 **변호**의 낌새가 느껴졌을 겁니다. **합리적인** 토론은 오직 손상된 상원의원의 품위에만 집중되었던 것입니다.

국민적 합의의 영역은 계속 **움직입니다.** 보조를 맞추기 위해 전국적인 미디어는 재빨리 그것을 따라잡아야 합니다. 쉽지 않은 일이죠.

오늘날 주류 언론인들은 대부분의 미국인에 비해 더 잘살고, 더 많이 교육받았으며, 덜 종교적인 것으로 보입니다. 뚜렷한 동질성이 전혀 없죠.

그들은 저 아랫마을에 사는 사람들의 생각을 추측해볼 수 있습니다. 또한 자신들의 맥박을 직접 점검하고 상태를 추론해볼 수도 있습니다.

1998년 르윈스키 추문이 터졌을 때, 그 두 가지 방법 모두 비참하게 실패했죠. 급속하게 오른 클린턴의 지지율은 계속 그 상태를 유지했습니다. 대중은 대통령의 거짓말보다 도를 넘어선 보도에 더 메스꺼움을 느꼈던 겁니다.

TV 속의 만물박사들이 도덕적 폭행에 몰두하고 있는 동안, 민주당은 중간 선거에서 더 많은 의석을 **얻었습니다.**

조지 윌   코키 로버츠

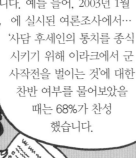

여론조사가 국민적 합의를 확인하는 **과학적인 방법**으로 보이기는 하지만, 사실 모든 것을 바꿔버리는 것은 설문조사의 방식입니다. 예를 들어, 2003년 1월에 실시된 여론조사에서… '사담 후세인의 통치를 종식시키기 위해 이라크에서 군사작전을 벌이는 것'에 대한 찬반 여부를 물어보았을 때는 68%가 찬성했습니다.

하지만 '그 결과로 수천 명의 미군 사상자가 발생할 수도 있습니다'라는 문구를 덧붙였을 때는 **43%**만이 찬성을 했죠.

그렇다면 기자는 국민적 합의를 추측하거나 자신의 맥박을 재보거나 여론조사를 참고하지 않고서, 어떻게 뉴스 소비자들의 욕구를 채워줄 수 있을까요?

어느 한쪽이 거짓말을 하거나 잘못된 정보로 알려져 있는데도 기계적으로 양측에 동등한 지면을 할당하지 않고,

자신과 같은 의견을 선택하거나 결과를 유도하지 않으면서 말이죠.

어쩌면, 취재 중인 이슈들에 대한 **스스로의 판단**을 먼저 파악해보는 것이 최선의 방법일 수도 있습니다. 혹은 누군가 제시하듯이…

판단을 하지 않는 것이죠. 〈워싱턴 포스트〉의 편집장이었던 렌 다우니는 이 직업을 갖게 되었을 때부터 **투표**를 하지 않았다고 합니다.

나는 우리 신문사의 공정 보도 여부에 대한 결정적인 발언권을 갖고 있었죠. 나 스스로 어떤 견해도 갖지 않으려고 했습니다.

그렇다면 모든 정보와… 워싱턴 D.C.의 정치적 상황을 모두 알고 있으면서도 마음의 결정을 내리지 않을 수 있었다는 말인가요?

그렇죠. 실제 나로서는 이슈들의 모든 면을 살펴보는 것이 정말 쉬웠습니다.

혹시 정신만으로 포크를 구부러뜨릴 수도 있다고 하진 않던가요? 놀랄 만한 일을 할 수 있는 사람들이 있긴 하죠.

정치문제 저술가인 마이클 킨즐리는 〈뉴 리퍼블릭〉, 〈하퍼스 매거진〉, 〈슬레이트〉의 편집장이었죠.

저널리스트들이 일종의 정치적·이념적 환관이 되어야만 한다는 생각은 전혀 기대할 수 없는 일입니다.

문제는 그들이 의견을 갖고 있느냐의 여부가 아니라, 보도를 할 때 일정한 의견들을 억누르지는 않느냐의 여부입니다.

하지만 자신의 **입장**을 정해놓으면, 자신이 산 차와 똑같은 모델을 사도록 설득하게 되는 것처럼 집착하게 된다는 기자들도 있거든요.

가장 극심하게 대립 중인 지역에서 취재를 하게 되었다면, 정치적 환관*의 입장을 취하는 것이 올바른 관찰의 시작이겠죠.

〈뉴욕타임스〉의 이선 브로너는 이스라엘에서 취재 활동을 했습니다.

나는 여러 가지 문제에 대한 나만의 견해가 있습니다. 하지만 내가 **틀릴** 수도 있다는 생각으로 항상 마음을 열어두는 것이 가장 중요하다고 생각합니다.

지중해

웨스트 뱅크

가자 지구

ㅁ 예루살렘

이집트   이스라엘   요르단

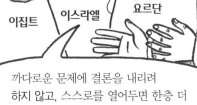

까다로운 문제에 결론을 내리려 하지 않고, 스스로를 열어두면 한층 더 열린 상태를 유지할 수 있습니다.

* 정치적으로 거세당한 사람.

127

여기에 두 가지 문제가 있습니다. 그중 한 가지는 기자들에게 주어진 난제로서 수많은 자료를 쌓아놓고, 그것을 확인하고, 잘 다듬어 기사를 작성하지만 판단은 하지 않는다는 것입니다.

다른 한 가지는 비록 유동적이기는 하지만 일단 판단을 내리게 되었다면, 그것을 어떻게 다룰 것이냐는 문제입니다.

이런 일들에는 몇 가지 원칙이 있습니다.

대부분의 기자들은 선거운동에 참여하거나 도움을 주지 않습니다. 기자들이 정당에 가입할 수 없도록 규정한 지역도 있습니다. 기자들은 현수막을 내걸 수 없고, 집회에 참가할 수도 없으며, 일부 미디어 도덕주의자들에 따르자면 자신이 투표한 선출직에 대한 기사를 써서는 안 되고 심지어는 자신이 다니는 교회의 홍보 사무실에서 자원봉사를 해서도 안 된다고 합니다.

그들도 투표는 할 수 있습니다. (결국 비밀투표니까요.) 하지만 그 후에는 입을 닫고 있어야만 합니다.

뉴스 기관들은 만약 기자들이 소신에 따른 행동을 한다면, 일정한 이야기는 취재하지 못하도록 편집장들이 제한을 해야 한다고 생각합니다. 공정한 보도를 하더라도 일반 대중은 기자들의 공정성을 신뢰하지 않을 것이기 때문입니다. 이것은 겉모습에 관련된 것입니다.

그동안 살펴보았듯이, 객관성에 대한 과민증이 형편없는 보도로 나타날 수도 있습니다. 그러므로 기자는 거짓말을 거짓말이라고 말할 수 있어야만 합니다.

하지만 신문들은 공식 성명서를 우선적으로 실어줍니다. 반대 의견들은 비중 있게 다루지 않으며, 때로는 한 면을 넘겨야 읽을 수 있습니다. 뉴스 분석은 박스 기사로 처리됩니다. 뉴스 방송에서 공식 성명서를 지나치는 일은 거의 없습니다.

미국의 신문사들은 사설과 뉴스 지면 사이에 담을 쌓으려 노력합니다. 각기 다른 편집장들을 두고 있죠. 20세기에는 이러한 관행이 저널리즘의 기본적인 원칙이었지만, 21세기에는 그렇게까지 하지는 않고 있습니다.

지금은 모든 케이블방송들이 분명한 정치적 프리즘을 통해 세계의 뉴스를 보도합니다.

이제는 주요 뉴스 공급원 역할을 하고 있는 웹사이트들이 자신들의 이념적 성향을 비밀로 하지 않습니다.

언제나 그랬듯이 그 이유는 똑같습니다. 새로운 기술이 새로운 사업 모델을 만들어낸 것이죠. 현재 새롭게 떠오르고 있는 사업 모델은 온라인에서 보여주는 습성을 추적하여 개인들에게 광고를 제공하는 것을 기반으로 합니다. 또한 온라인에서 제공받는 일정한 정보와 문화 상품에 자발적으로 사용료를 내는 새로운 경향도 서서히 생기고 있습니다.

경고!

원숭이들이 배설물을 던질 것입니다.

다시 한 번, 새로운 기술이 정치문화를 반영하고 강화하면서 이제는 분산시키고 있는 것입니다. 그 결과는 먹이 다툼입니다.

입장을 밝히다

30년 전에는 선택의 대상이 그다지 많지 않았습니다.

ABC, NBC 아니면 CBS?

하지만 지금은 늘 어려운 결정을 내려야만 하는 것으로 보이는군요.

평생 아니면 일정 기간?

개인퇴직계좌? 확정 급여형? 확정 기여형? 하이캡, 로우캡, 디캐프…?

HMO, PPO, 아니면 POS?

유방절제술 아니면 유방보존술?

엄청난 자료에 대한 이해 없이는 세상일에 대처할 수가 없습니다. 알아야 할 것들이 이렇게 많은데 기자들의 생각까지 알아야 할까요?

혹시 정보가 너무 많은 건 아닐까요?

결국 역사상 가장 예리한 보도들은 자기주장이 센 기자들의 작품이었습니다. 100년 전, 링컨 스테펀스와 아이다 타벨은 더 나은 세상을 만들겠다는 신념에 따라 '추문을 들추어냈습니다.'

누구나 공정성과 건전성을 위해 힘써야 합니다. 세율도 도덕적으로 정해야 한다는 것을 인정하지 않으려는 사람이 권력을 차지하고 있는 것이 가장 위험합니다.

스탠더드 오일 회사의 역사
— 아이다 타벨 —

매클루어 매거진

NOVEMBER, 1903

노조간부제
기업의 새로운 도구
— 레이 스태너드 베이커 —

뉴욕
— 링컨 스테펀스 —

이제는 기자가 세상을 더 좋게 만든다고 생각하지 않습니다. 그들은 세상일을 알릴 뿐이며, 좋은 세상은 여러분이 만들 수 있죠.

...

그런데 여러분이 기자에 대해 더 많이 알게 된다고 그들을 더 신뢰하게 될까요?

서로 **링크**되어 있는 시대의 새로운 형식의 미디어에서 저널리스트가 독자들의 신뢰를 얻을 수 있는 방법은 오직 자신의 견해와, 가치관, 일의 처리 과정 그리고 가능하다면 정보원에 대해 **명백히 밝히는 것**밖에 없습니다.

투명성이 새로운 객관성이 된 거죠.

미디어 비평가 데이비드 와인버거는 웹의 영향력을 연대순으로 정리하고 예측했습니다.

투명성은 독자들이 기존의 편견들로 인해 예상치 못한 영향을 받지 않도록 해주는 정보를 제공합니다. 객관성이 그랬던 것처럼, 투명성은 신빙성을 제공합니다.

투명성이 없는 객관성은 점점 더 오만함으로 보이게 될 것입니다. 증거와 견해들 그리고 토론을 위해 웹을 활용할 수 있는데, 누군가가 선의의 진실이라고 주장하는 것을 우리가 왜 신뢰해야만 하는 걸까요?

객관성은 매체끼리 링크될 수 없던 시절에 의존하던 신뢰구조입니다. 이제 우리의 매체는 서로 **링크될 수 있죠.**

블로거들은 거의 언제나 완벽한 공개를 선택합니다.

신문편집자이자 칼럼니스트, 〈엔터테인먼트 위클리〉의 설립자인 제프 자비스는 올드 미디어를 떠나 '버즈머신'이라는 블로그를 출범시켰습니다. 그는 그곳에 약력은 물론 사업 내용, 관련 미디어, 주식, 투표 기록, 종교, 에너지 정책에 대한 견해 등을 빠짐없이 밝혀놓았습니다.

…나는 9·11 이후에 매파가 되었으며… 임신중절 합법화를 지지하며… 정부가 미국의 건강보험을 조정할 방법을 찾아야만 한다고 믿으며… 새로운 경쟁자로 인해 거대 미디어가 이제 너무 크다고는 생각하지 않으며… 이스라엘의 권리를 지지하며….

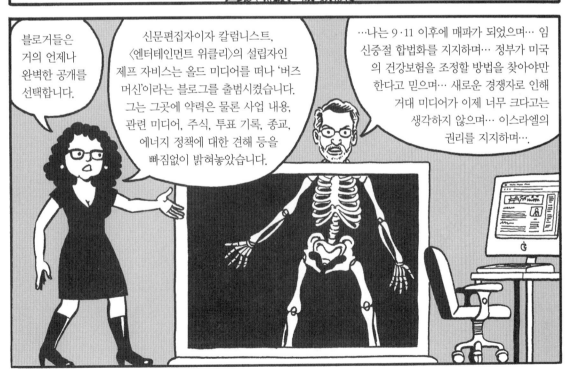

〈타임〉지의 제임스 포니워직은, 정치부 기자는 지지하는 사람을 명백히 밝힌 후 탁월한 저널리즘의 실천을 통해 **편향성**에 대한 공격을 반증해야 한다고 말합니다.

진정성의 시대에 허위는 훨씬 더 나쁜 영향을 끼치게 된다. 마치 공평무사한 대리석 신들처럼 행동해서는 안 된다.

이제 근엄한 신전을 벗어나 책임감 있는 시민들처럼 우리도 선거에 관심이 있다고 인정해야 할 때이다. 그 후 책임감 있는 전문가들처럼 **진실**에 더 많은 관심이 있다는 것을 증명해야 한다.

저널리스트들은 입장 표명의 찬반을 두고 논쟁하지만, 때로는 드러내는 것이 '객관성'을 포기하는 것이라는 생각과 섞이기도 합니다.

그것은 별개의 문제죠.

자신의 입장을 밝힌 기자라도 여전히 책임감 있게 보도할 의무가 있습니다. 사실, 그로 인해 더욱 공정하게 보도하게 됐다는 기자들도 있습니다.

입장을 밝히지 않으면 판단을 모두 유보하거나 보도를 왜곡하는 거짓 균형에 과도하게 매달리게 된다는 거죠.

이것은 토크쇼 진행자나 칼럼니스트, 블로거들의 문제는 아닙니다. 그들은 확고하게 자기주장을 펼치죠. 공동체의 욕구와 관심, 편향성을 만족시키는 것으로 성공을 거둡니다.

과거와 마찬가지죠.

하지만 뉴스 기자들은 신뢰할 만한 정보를 제공할 것이라는 기대를 받고 있습니다. 신뢰를 얻기 위해 자신을 드러내려면, 독자들이 그들의 보도를 미리 판단하지 않는다고 믿을 수 있어야만 합니다. 불가능한 일이죠.

뉴스 소비자는 객관성을 원한다고 말은 하지만, 자신의 견해를 반영하는 뉴스 제공자를 선택하죠. 적어도 자신의 견해와 충돌하기 전까지 기자에게는 관심이 없죠. 그 후에 기자들의 개인적인 정보는 공격 수단이 됩니다.

2006년, 스탠퍼드 대학의 샌토 아이옌거와 〈워싱턴 포스트〉의 여론조사 국장 리처드 모린은 바로 이러한 문제를 실험하기 위해 조사 계획을 세웠습니다.

그들은 **동일한** 뉴스기사를 방송사의 상호만 달리 붙여(〈폭스 뉴스〉, CNN, NPR) 민주당원과 공화당원 그리고 무소속인 사람들에게 보여주고 어떤 기사를 읽을지 선택해달라고 했습니다. 기사 내용은 정치에서부터 스포츠와 여행까지 다룬 것이었습니다.

무소속인 사람들은 특별히 선호하는 것이 없었지만, 공화당원들은 압도적으로 〈폭스 뉴스〉를 선호했으며 CNN과 NPR은 철저하게 배척했습니다. 민주당원들은 〈폭스 뉴스〉를 확실하게 거부했지만 CNN과 NPR에 대해서는 '뜨뜻미지근한' 선호도를 보였습니다.

민주당원의 브랜드 충성도가 약한 것은 CNN과 NPR의 기사가 충분히 편향되어 있지 않다고 생각하기 때문일 것입니다.

혹은 굳이 자신들의 세계관을 확인시켜줄 뉴스를 찾으려는 성향이 약한 것일 수도 있습니다.

다른 연구결과도 이와 비슷한 차이점을 보여주고 있습니다. 그 결과들을 상세히 설명할 수도 있지만… 제가 편향되어 있다고 보일 수도 있습니다.

문제는 그것이 아닙니다. 저는 공공 라디오에서 쇼를 진행하고 있습니다. 뉴스 소비자들은 이미 저에 대한 태도를 결정해놓았거든요.

그래서 기자들은 기회가 있을 때마다 관심사와 정보원과 방법론 등의 잠재적인 갈등 요인을 공개해야 한다고 생각합니다. 그것이 적절한 맥락입니다. 그 나머지는 그저… 요란한 비평일 뿐이죠.

열두 살 때 척추만곡증을 앓았지만… 이젠 괜찮아요.

새로운 미디어가 입장 표명을 선호하게 되면서, 저널리스트는 굴절되지 않은 정보 처리자라는 올드 미디어의 관념을 압도하고 있습니다.

하지만 새로운(실제로는 과거의) 방식은 위험합니다. 편견을 뽐내고, 사실들은 기꺼이 무시하고, 왜곡하거나 조작하는 풍토를 조장할 수 있거든요.

·THE FOOL·

아, 잠깐만요. 이제는 알고 있잖아요.

뉴스 편집실에 방침이 정해져 있다 해도, 기술이 변하면 미디어도 변한다는 것 말이에요.

·THE WORLD·

그러므로 뉴스 소비자들은 격정과 허튼소리로 혼란에 빠진 상황을 헤쳐나갈 양질의 정보를 요구하고 있습니다. 그러기 위해선 엄청난 헌신이 필요하죠.

·QUEEN of PENTACLES·

진실을 추구하는 사람들 역시 미디어보다 더욱 매혹적인 힘으로, 친숙하고 예측 가능한 세계에 대해 거부할 수 없는 통찰력을 엮어내는 힘으로, 끊임없이 노력해야만 하기 때문입니다.

여러분이 알고 있는 그 영화에서처럼 말이죠.

·THE MATRIX·

:: 내 안의 매트릭스 ::

당신이 창밖을 내다볼 때… 텔레비전을 켤 때… 일하러 나갈 때 그것을 볼 수 있지.

그것은 **진실**을 알아차릴 수 없도록 당신의 두 눈을 뒤덮고 있는 세계요.

어떤 진실 말이죠?

그건… 당신도 남들처럼… 냄새를 맡을 수도, 맛을 느낄 수도, 만져볼 수도 없는 감옥에서 태어났다는 거요. 당신의 정신을 가두는 감옥.

더 정확히 말하자면, 당신의 정신이라는 감옥입니다. 우리는 충동적일 때와 이성적일 때를 알고 있다고 **생각**하지만 새로운 연구는 우리의 행동과 믿음은 우리가 전혀 인식하지 못하는 충동과 편견에 더 많이 좌우된다는 것을 밝혀냈죠.

충동부터 알아보죠. 가슴이 조마조마해질 때, 우리는 뇌가 내장에 어떤 메시지를 내려보냈다고 추정합니다. 하지만 내장이 어떤 메시지를 뇌로 올려보냈을 수도 있습니다.

내장은 독립된 자율신경 체계를 갖추고 있습니다. 자체적으로 세로토닌과 도파민을 생성해내죠. 이 세상에 대한 자기만의 결정들을 내리거든요.

예를 들어 따뜻함은 내장을 편안하게 해주죠.

2008년의 한 연구에서 조사자들은 물건을 추스리는 척하며 **따뜻한** 커피 혹은 **차가운** 커피가 담긴 컵을 사람들에게 잠시 맡겼습니다. 그리고 나서 일정한 정보에 근거해 그들이 모르는 특정 인물의 성격을 평가해달라고 부탁했습니다.

따뜻한 컵을 들고 있던 조사대상자들은 차가운 컵을 들고 있던 사람들에 비해 그 사람의 '**따뜻함**'에 대해 두드러지게 높은 평가를 내렸습니다.

또 다른 연구에서, **뜨거운** 치료용 패드를 들고 있던 조사대상자들은 **친구**를 위한 선물을 선택하려고 했습니다. 하지만 **차가운** 패드를 들고 있을 때는 **자기 자신**을 위한 무언가를 선택했죠.

정말 이성적이지 않나요?

반면에… 아아…

연구결과는 의식적인 선택이 종종 환상이라고 밝힙니다. 그래서 자유 의지가 실제로 있는 것인지를 따져 보게 된 사람들도 있습니다.

2008년, 라이프치히 막스 플랑크 연구소의 신경과학자들은 어떤 결정을 내리기 직전에 우리의 뇌에서 어떤 일이 벌어지는가를 확인하기 위한 연구를 실시했습니다.

어떤 버튼을 언제 누를 것인지 결정하십시오. 마음의 결정을 내렸을 때를 꼭 기억해주세요.

이것은 대단히 중요한 일일 수도 있습니다. 이미 결정한 일을 모른다면, 우리의 선택에 이성을 어떻게 적용시킬 수 있을까요? 과연 무의식을 비켜갈 수 있는 걸까요?

연구자들은 실시간으로 뇌스캔 영상을 지켜보면서 실험대상자들이 자신의 결정을 의식하기 7초 정도 전에 그들의 결정을 예견했습니다.

대부분의 편견 역시 무의식적인 것입니다. 전문가인 샹커 베단팀에게 ('매트릭스' 비유도 그가 제공했죠) 두 가지의 실례로 설명해줄 것을 부탁했습니다.

과체중인 구직자들은 똑같은 조건을 갖춘 정상 체중의 구직자들에 비해 지적이지 못하며, 더 게으르고 부도덕하다고 인식돼 있습니다.

어느 연구에서는, 단순히 과체중인 사람의 옆자리에 앉았던 구직자가 낮은 성적을 받은 적도 있습니다.

"합격!"

다음은 성별 편견입니다. 어느 대학의 연구에서 자원자들을 두 그룹으로 나누었습니다.

부하직원들은 제임스가 까다로운 사람이지만 개방적이고 품위 있다고 합니다. 그는 개인의 공헌에 보상을 잘 해주며, 사원들의 창의력을 최대한 활용하기 위해 매우 열심히 노력한다고 알려져 있습니다.

…한 가지 사실만 제외하고 똑같은 정보를 다른 그룹에게 들려주었습니다.

부하직원들은 앤드리아가 까다로운 사람이지만 개방적이고 품위 있다고 합니다. 그녀는 개인의 공헌에 보상을 잘 해주며, 사원들의 창의력을 최대한 활용하기 위해 매우 열심히 노력한다고 알려져 있습니다.

직원들이 누구를 더 좋아할 것 같은지 추측해봐달라고 부탁했습니다. 지원자의 75%가 제임스를 더 좋아할 것 같다고 대답했으며, 80%가 제임스를 상사로 모시고 싶다고 대답했습니다.

제임스는 타고난 지도자야!

정말 멋지네!

앤드리아는 까칠할 것 같아.

교묘하게 부려먹을 것 같아.

교양을 갖춘 사람들에게도 어느 정도는 인종차별적 성향이 있다는 사실은 그다지 충격적이지 않을 겁니다.

연구자들은 10년 넘게 수백만 명을 대상으로 내재적 연관 검사를 통해 무의식적 편견들을 실험해보았습니다. 어떻게 하는지 알아보기로 하죠….

내재 의식 프로젝트

실험 중인 편견에 따라, 화면에는 순간적으로 얼굴들이 나타납니다. 흑인과 백인, 노인과 젊은이, 남성과 여성, 뚱뚱한 사람과 야윈 사람 등등이 나타날 수 있습니다.

이를테면, 흑인으로 확인되면 오른쪽 키를, 백인으로 확인되면 왼쪽 키를 멈추지 않고 클릭하면 됩니다. 쉽죠.

그 후 긍정적이거나 부정적인 단어들로 똑같은 작업을 합니다.

이번에는 흑인이나 백인의 얼굴과 함께 단어들이 좌우에 임의로 나타납니다. 실험자는 잠시 멈추거나 생각도 하지 말고 긍정적이거나 부정적인 단어들을 클릭해야 합니다.

연구자들은 백인의 80% 이상이 백인의 얼굴에 더 긍정적으로 반응한다는 것을 알아냈습니다.

흑인들은 50%가 그렇게 반응했죠.

이것은 우리에게 편견이 있다는 의미일까요? 만약 무의식이 나타내는 것을 의식적으로 인정하자면…. 그렇습니다. 하지만 편견들을 의식한다면, 잘 대처할 수도 있을 것입니다.

이 실험은 온라인에서 누구나 해볼 수 있습니다. 해볼 만한 가치가 있죠. (implicit.harvard.edu)

여러분은 명확한 증거가 거짓된 사실들을 몰아낸다고 생각하지만, 그렇지 않습니다. 어떤 설명이 자주 반복되면, 비록 그것이 거짓으로 분류되어 있다 해도 믿게 됩니다.

한 가지 예로, 2005년 정부에서는 플루 백신에 대한 잘못된 상식들을 진실과 거짓으로 분류한 홍보물을 발행했습니다.

CDC 질병 관리 센터

거짓: 플루보다 부작용이 더 위험하다.

진실: 플루 백신이 생명을 지켜준다.

한 연구조사에서 노인들의 28%가 읽은 지 30분도 되기 전에 거짓으로 분류된 설명을 진실이라고 잘못 기억한다는 것을 밝혀냈습니다.

진실!

플루보다 부작용이 더 위험하다.

백신 접종을 장려하기 위해 제작된 홍보물은 오히려 상황을 악화시켰죠.

만약 우리에게 잘못된 상식들을 쉽게 믿는 성향이 있다면, 부정적인 정보는 적극적으로 들으려 하지 않을 것입니다.

1967년, 심리학자들은 흡연에 관한 다양한 메시지가 녹음된 테이프를 대학생들에게 들려주었습니다. 일부러 잡음을 섞어 그 내용이 명확하게 들리지 않게 했죠. 학생들은 언제든 버튼을 눌러 일시적으로 잡음을 줄일 수 있었습니다.

흡연자들은 흡연과 암의 **연관성**에 대해 **논쟁**하는 내용에서는 버튼을 눌러 잡음을 없애려 했지만, 흡연과 암의 연관성을 **단언**하는 내용에서는 비흡연자들에 비해 잡음을 없애려는 노력을 적게 했습니다.

위생국 장관은 …라고 보고했습니다.

어떤 담배를 피우는지 알 수는 없었지만, 사실을 걸러낸 제품을 좋아한다는 건 분명했습니다.

연구원 존 불럭은 지원자들에게 임신중절 찬성자들이 제작한 광고를 보여주었습니다. 과격한 낙태 반대 단체를 지지하는 대법관 지명자 존 로버츠를 비난하는 내용이었죠. 그러고 나서 그 내용에 **오해의 소지가 있다**며 회수했습니다.

폭탄이 내 진찰실을 산산이 부숴버렸을 때, 나는 거의 죽을 뻔했습니다.

정의를 선택하라
존 로버츠 임명 반대!
상원의원에게 전화하세요 202-224-3121

광고를 보기 전에는 민주당원의 56%가 로버츠에게 반대했지만, 광고를 보고 난 후에는 80%가 반대했습니다. 광고가 취소되었다는 말을 듣고 난 후에도 72%는 여전히 반대했습니다.

여론이야 그렇다 해도, 과연 사실이 생각을 바꿀 수 있을까요?

연구원 브렌던 나이언과 제이슨 레이플러는 공화당 지지자들에게 2003년 미국이 침공하기 전 이라크에는 대량살상무기가 전혀 없었다는 명확한 증거를 보여주었습니다.

이라크 조사단의 최종 보고서

+

유엔 감시단의 보고서
(검증 및 조사 위원회)

= 대량살상 무기 없음

그 증거자료를 **보기 전**에는 **3분의 1** 정도가 미군의 침공전에 이라크가 무기를 숨기거나 폐기했을 거라고 믿었습니다. 하지만 이 증거자료를 보고 난 후에는 거의 **3분의 2**가 그렇게 믿게 되었습니다!

브렌던 나이언 씨… 어떻게 이런 일이 가능한 거죠?

사람들은 정정된 내용이 부적절하다는 이유들을 무척 쉽게 생각해낼 수 있습니다. 그래서 실제로 정정 자료를 받아보지 못한 사람들보다 더 큰 확신을 갖게 되는 겁니다.

내가 자기모순에 빠져 있다고? 좋소, 그렇다면 그렇겠지. 나는 광대하며 또 많은 것들을 품고 있거든.

월트 휘트먼은… 격식을 벗어난 사람이었죠. 대부분의 사람들은 모순된 정보에 괴로워하죠. 특히 그 정보가 믿음과 상반될 때 더욱 그렇습니다. 믿음이 깊을수록 고통은 더욱 깊어집니다.

심리학자인 리언 페스팅어는 이것을 인지 부조화라고 부릅니다.

어떤 개인이 진심으로 믿는 것이 있다고 가정해봅시다. 또한 그로 인해 그가 취소할 수 없는 행동들을 해왔다고 가정해봅시다.

"마지막으로, 그의 믿음이 **틀렸다**는 명확하고도 부정할 수 없는 증거가 제시되었다고 가정합시다. 어떤 일이 벌어질까요?"

"그 사람은 동요하지 않을 뿐만 아니라 심지어는 그 어느 때보다 자신의 믿음이 진실이라고 **더욱** 확신하는 모습을 보여주게 될 것입니다."

"게다가 다른 사람들이 자신의 믿음을 따르도록 하기 위해 새로운 열정을 보이기도 할 것입니다."

페스팅어는 1954년 12월, 대홍수가 지구를 집어삼킬 것이라고 예언했던 사이비종교를 관찰하여 이 이론을 이끌어냈습니다.

종교 지도자인 도러시 마틴은 사난다(예수)와 클라리온 행성에서 온 '수호천사들'로부터 그 계시를 전달받았습니다.

12월 21일 밤 12시에, 수호천사들이 우리를 구원하실 것이다. 재산을 모두 처분하고 이 세상과 모든 인연을 끊어야 한다.

밤 12시가 될 때까지는 기대감에 부풀어 있었죠.

하지만 자정이 지나자, 절망과 자포자기만 남게 되었죠.

새벽이 되자 새로운 환희와 희망의 물결이 밀려왔습니다.

사난다께서 방금 전에 진심 어린 여러분의 기도가 세상을 구했다는 계시를 보내셨다.

곧이어 마틴은 12월 24일 저녁 6시에 **휴거**가 일어날 것이라고 주장했습니다.

수호천사들이 오셨다! 하지만 폭동이 시작되는 걸 원치 않으시므로…

믿음이 없는 자들은 볼 수 없도록 하셨다.

신도들은 곤경에 빠졌습니다. 사실들에 대해 교묘히 변명할 수는 있었지만… 믿음을 확고히 지키기 위해 남들을 납득시켜야만 했습니다.

이런 시나리오는 모든 신자들에게 늘 일어나는 일이죠.

회의론자들은 '내 눈으로 확인할 수 있다면 믿겠다'고 합니다.

꼭 그렇지 않기도 하죠.

앨런 배들리의 〈당신의 기억〉이라는 책에 경고가 될 만한 이야기가 있습니다.

호주의 목격자 전문가인 도널드 톰슨은 목격자의 **신뢰할 수 없는** 증언을 주제로 토론하기 위해 TV 생방송에 출연한 적이 있었습니다.

얼마 지나지 않아, 그는 어떤 여성에게 강간범으로 지목되어 체포됐습니다.

도널드 톰슨   LIVE

나는 사건이 발생했던 그때 생방송에 출연 중이었고… 경찰 부국장도 그 자리에 함께 있었단 말이오!

내가 보기에 당신은 꼼짝없이 당해야 할 것 같소.

마침내 수사관들은 강간 피해자가 범행을 당할 때 그 프로그램을 시청하고 있었다는 사실을 알게 되었습니다.

그녀는 톰슨과 강간범의 얼굴을 뒤섞어 기억한 것이었습니다. 목격자 증언에 관한 톰슨의 견해를 입증해준 셈이죠.

POLICE

톰슨은 분명 오싹했을 겁니다.

사진과 기록물들은 언제나 아주 쉽게 그 진실성을 의심받을 수 있습니다.

이건 조작이야!

역사적으로 미심쩍은 사진들이 무척 많지만, 이제는 누구나 사진을 조작할 수 있게 되었습니다. 또 모두가 그렇게 하고 있죠. 〈이기적 진실〉의 저자 파하드 만주는 이것을 사회의 **포토샵 조작화**라고 명명했습니다.

네스호 괴물

설인, 새스쿼치

수영장에서 사냥총을 들고 있는 페일린*

포토샵조작화의 가장 커다란 위협은 우리가 조작된 기록이나 사진을 믿게 될 것이라는 사실이 아닙니다.

오히려 진실을 담은 기록과 사진을 쉽게 믿지 않는다는 사실입니다. 편한 대로 생각하게 되는 거죠.

SOAP

* 알래스카 주지사를 지낸 미국 여성 정치가. 2008년 미국 대통령 선거 공화당 부통령 후보.

언론매체가 등장하기 전, 고대의 어떤 여행자는 델포이 신전(아주 유명한 뉴스메이커죠)에 새겨져 있는 중대한 경고문에 주목했습니다. 그것은 '너 자신을 알라'였습니다.

현재 미디어는 탁한 물결치럼 세계를 뒤덮고 있습니다. 우리는 의식적으로 그것을 걸러내야만 합니다. 모든 것이 주장되고 모든 것이 부정될 수 있는 시대에 우리는 누구이며, 우리의 뇌는 어떻게 작동하는지 제대로 알 필요가 있습니다.

인간은 감정과 억측 그리고 충동에 의지해 살아갑니다. 우리는 논리만으로 제기능을 할 수 없습니다. 안와 전두 피질의 손상 때문에 기쁨이나 좋아하는 것을 느끼지 못하는 사람들은 평범한 사람들이 매일 아무런 노력 없이 할 수 있는 단순한 결정들도 할 수 없게 됩니다. 파란색 펜과 붉은색 펜? 메리인지 수잔인지? 배우자나 아침식사용 시리얼 등 그 어떤 선택도 그들을 찬성과 반대의 기로에 몰아넣습니다.

하지만 감정과 억측 그리고 충동은 검증되지 않은 편견과 물려받은 지혜라는 안락한 보호막을 엮어낼 수 있도록 해주기도 합니다. 그것은 달갑지 않은 정보로 생기는 고통에서 우리를 보호해줍니다. 윌리엄 제임스는 '우리가 알고 있는 모든 진실의 가장 위험한 적은 우리가 알고 있는 진실 이외의 것들이다'라고 했습니다. 그러므로 스스로에게 물어보아야만 합니다…. 자, 여기에 제임스 피츠제임스 스티븐이 지난 1873년에 골격을 갖추어놓은 주요한 질문들이 있습니다.

자신에 대해 어떻게 생각하십니까? 이 세계에 대해 어떻게 생각하십니까? … 이것들은 스핑크스의 수수께끼 같은 것이며, 어떤 식으로든 우리가 처리해야만 하는 질문들입니다. 대답을 하지 않은 채 놓아두기로 결정했다면 그것도 선택이며, 어떻게 대답을 할까 망설이는 것 역시 선택입니다. 하지만 어떤 선택을 하든 그 위험은 스스로 감수해야만 합니다.

우리는 눈보라가 휘몰아치고 안개에 싸여 앞도 보이지 않는 산길을 지나고 있으며, 가끔 미심쩍은 길들이 어렴풋이 보이기도 합니다. 만약 그대로 머물러 있으면 얼어 죽을 테고, 잘못된 길을 선택하면 몸이 산산조각 날 것입니다. 올바른 길이 있는지도 전혀 모르고 있습니다. 어떻게 해야만 할까요?

인플루언싱 머신들

그런 산 위에 서 있는 것이라면, 우리는 어떤 길로 가야 할까요?

본능적으로 우리와 비슷한 처지에 있는 사람들과 함께 떠돌아다닐 것입니다. 동질성이라 부르는 이것은 우리의 세계관을 형성하죠.

동질성이 만든 거울은 우리들의 시각을 반영하고 재확인해줍니다.

브룩의 세계관

우드스톡

이것은 건강하지 못하죠. 디지털 방식으로 나타난 질병을 일으킬 수 있습니다.

흔히들 같은 생각을 가진 사람들을 모두 연결시켜 침범할 수 없는 반향실을 만들어낼 수 있는 인터넷의 능력을 이야기합니다.

이 반향실은 사이버 다단계 현상을 일으킵니다. 한 사람이 어떤 '사실'을 전했을 때 전 세계 수백만 명의 사람들이 잠재적으로 믿게 될 때까지 등비수열로 퍼져나가는 거죠.

지구 온난화는 헛소리
드라이브 스루 24시간 오픈

의견이 다른 사람들과는 차단되어 있는 반향실은 확신을 가장한 부당한 의견들로 가득 차 있습니다. 이것은 폐쇄적인 자기 확신의 증폭*으로 불리며, 잘못된 가설에 근거해 전략을 수립했던 고립된 군사작전가에게 처음으로 적용되었던 말입니다.

폐쇄적인 자기 확신의 증폭은 인터넷이 없는 경우에도 어떤 분야에서든 일어날 수 있습니다.

부동산 거품이라구? 그냥 잊어버려!

힌트: 〈우주의 절대자〉**라고 불리는 사람들을 만나게 되거든, 도망쳐버리세요!

캐스 선스타인은 오직 생각이 같은 사람들과만 대화하는 사람들이 점점 극단적으로 변해간다는 것을 증명하는 많은 연구결과를 들려줍니다. 그들은 온건한 사람들을 무시하며….

의견이 다른 사람들은 악마로 만들어버리죠. 반향실의 가장 커다란 위험은 부당한 과격주의입니다. 이것은 민주주의에 대한 현재진행형의 위협입니다.

---

* 인터넷 여론 쏠림 현상.
** 국내에선 〈마스터 돌프〉라는 제목으로 개봉된 B급 SF 영화.

새로운 디지털 기술의 발전은 우리가 선호하는 현실을 더욱 잘 편집하고 주장할 수 있게 해줍니다.

얼굴 인식 기술의 발달과 웹상의 데이터 베이스 링크는 이제 그 누구도 이방인으로 살 수 없게 만들었습니다.

브룩 글래드스톤

고향 브루클린

좋아하는 것   싫어하는 것
버번위스키   싹 양배추

성격
양면성

서로
이웃

똑같은 성능이 콘택트렌즈에도 적용되고 있죠.

하지만 기술은 우리의 세계관을 **확장**시키는 동시에 **축소**시킬 수도 있습니다. 저 성범죄자는 보기 싫은가요? 그의 여친만 볼까요? 완벽하고 만족스럽게 할 수 있죠!

난잡한 여친

성범죄자로
등록됨

이 셔츠는 바나나 리퍼블릭*
에서 구매하세요

이 세상에 관용이 끼어들 자리는 있을까요?

낯설고, 달갑지 않으며, 상상하지 못했던 우연한 만남을 회피할 수 있게 된다면 우리는 어떻게 지적·도덕적으로 성장할 수 있을까요?

* 미국 의류 브랜드.

저술가인 니컬러스 카는 또 다른 두려움을 갖고 있습니다. "구글이 우리를 멍청하게 만들고 있는 것은 아닐까?"라는….

미디어는 정보의 수동적인 **경로**가 아닙니다, 미디어는 생각이 담긴 내용물을 공급하지만, 생각의 과정을 형성하기도 합니다.

지난 몇 년 동안 누군가 혹은 무엇인가가 나의 뇌를 어설프게 만지면서 신경회로를 재배치하고 기억을 재구성하고 있다는 불편한 느낌을 받고 있었습니다.

책이나 장문의 논문에 쉽게 몰두할 수 있었는데… 이제는 두세 페이지만 읽으면 집중력이 흐트러지기 시작합니다.

…한때 언어의 바다를 탐색하던 스쿠버다이버였지만, 이제는 제트스키를 탄 사람처럼 그 표면만을 스쳐 지나치고 있죠.

기술은 분명 우리의 뇌를 변화시킵니다. 인류가 손에 쥐는 도구를 최초로 사용했을 때, 전두 피질과 더불어 문법 언어와 복잡한 사회관계망도 동시에 발달했습니다.

그러므로 점점 더 서로 연결되고 있는 환경에서 우리의 뇌는 전과는 전혀 다르게 정보를 **처리**할 것입니다. 우리에겐 새로운 기술을 이식해 서둘러 진화할 수 있는 능력도 있거든요.

소름 끼치는 얘기인가요?

사실 저는 전혀 걱정하지 **않습**니다. 인간의 본성을 특별히 낙관적으로 보기 때문이 아니고, 역사에서 실마리를 찾은 거죠. 그리고 커뮤니케이션의 역사에는 과장된 표현을 사용하는 연극 같은 일들이 많습니다.

사람들은 미래를 예측하면서 언제나 새로운 장치가 우리의 집중력, 기억, 공동체 그리고 정신적·육체적 건강을 파괴할 것이라며 절망에 빠집니다.

텔레비전의 경우를 살펴보죠. 1961년 5월 9일 미연방통신위원회의 의장인 뉴턴 N. 미노는 전국방송협회의 정기총회에서 **이렇게** 말했습니다.

여러분의 방송국에서 방송 중일 때 텔레비전 앞에 앉아 방송이 끝날 때까지 시청해보기를 권합니다.

여러분은 분명 거대한 황무지*를 확인하게 될 것입니다.

실제로 TV의 폐해를 밝혀주는 매우 훌륭한 자료들이 있습니다.

연구를 거듭한 결과, 과도한 TV 시청은 아동 비만이나 흡연, 성생활과 강력한 연관관계가 있다는 것이 밝혀졌죠.

* 1961년 5월, 미연방통신위원회 위원장이었던 미노가 TV의 상업성을 비판하면서 사용한 말.

하지만 라디오 역시 비난을 받았습니다. 1936년에 발행된 〈그래머폰〉에는 '괴기스러운 이야기가 만든 악몽의 결과로, 어린이들이 공포에 싸인 채 무기력하게 침대에 누워 있거나 비명을 지르며 깨어난다'고 주장하는 연구결과가 실렸습니다.

비밀의 성소에 찾아온 걸 환영해, 친구들아!

지금은 '우리의 상상력을 활용하게 했다'는 이유로 라디오의 황금시대를 찬양하죠.

1985년에 커뮤니케이션 이론가 닐 포스트먼은, **활자는 위대한 진보적 도약**이었으며 그 시대가 지나가고 있는 것이 **애석하다는** 글을 남겼죠.

교육, 지식, 진실, 정보에 관한 관념들과 마찬가지로 지성의 활용에 관련된 현대적 관념들은 대부분 활자에 의해 형성된 것입니다.

"…활판인쇄가 우리 문화의 변방으로 밀려나면서… 공적 담론의 진지함과 명료함 그리고 무엇보다 그 가치는 위태롭게 쇠락하고 있습니다."

하지만 1세기 전만 해도 성실한 독서 자체가 의심을 받았죠. 특히 소녀들이 그랬죠.

"멍청한 부모들이… 복잡한 다방면의 학습으로 자녀의 뇌를 소모시키고 있다. 그 해악은 모든 방면에서 나타날 것이다. 잘난 소녀들은 얼마 지나지 않아 정신병원으로 가야 할 것이다."

월간 공중위생

구텐베르크의 인쇄술이 활발해지자 과중한 정보에 대한 두려움도 커져, 1545년 콘라트 게스너는 '우주 도서관'을 정리하며 불평을 늘어놓았습니다.

혼란스럽고 해로운 책들이 너무 많아….

그는 그리스어와 라틴어 그리고 히브리어로 씌어진 책들만 목록에 넣기로 결정했죠.

영국 군인이었던 바너비 리치는 1613년에 책에 대한 글을 썼습니다.

이 세상에 너무 과중한 부담을 주는 일이다. 세상에서 매일같이 벌어지는 쓸데없이 많은 일들을 모두 소화하는 것은 불가능하다.

리치는 군대와 예절과 도덕 그리고 몇 권의 연애 소설 등 26권가량의 책을 집필했습니다.

1985년 티버 브라운은 '바너비 리치 신드롬'이라는 용어를 만들어냈습니다. '너무 많은 책을 쓰고 출판하는 것은 늘 다른 작가들이다'라는 신념을 일컫는 것이죠.

플라톤의 〈파이드로스〉에서 소크라테스는 알파벳을 발명한 이집트 신이 왕에게 자랑을 늘어놓는 이야기로 글쓰기의 발명을 조롱했습니다.

이것으로 이집트 사람들은 더욱 현명해질 것이며 더 훌륭한 기억을 갖게 될 것이오.

발명가는 자신의 발명품을 제대로 평가할 수 없소. 당신의 발명은 학습자들의 영혼에 **건망증**을 만들어 낼 것이오. 외형적으로 작성된 문자는 신뢰하겠지만, 자신들에 대해선 기억하지 못할 것이오.

이 말은 저술가 더글라스 애덤스가 소개한 지혜를 생각나게 하는군요.

여러분이 태어날 때 이 세상에 있는 것들은 모두 평범하고 일상적인 것으로, 세상의 자연스러운 일부분이죠.

여러분이 15~35세일 때 발명된 것들은 모두 새롭고 흥미로우며 혁명적입니다.

그러나 35세 이후에 발명된 것들은 모두 사물의 자연스러운 질서를 거스르는 것입니다.

1979년에 애덤스는 (당시에는) 가상의 〈은하수를 여행하는 히치하이커를 위한 안내서〉를 설명하면서, 그처럼 두려움을 느끼는 시기를 위한 멋진 충고를 건넸습니다.

이 기계에는 100개의 작고 납작한 누름 단추와, 백만 '페이지' 중의 한 페이지를 순식간에 보여줄 수 있는 4인치 크기의 화면이 있습니다.

엄청 복잡해 보이기 때문에 "당황하지 마세요(DON'T PANIC)"라는 상냥한 문구를 화면 위에 크게 띄워놓은 거랍니다.

당황하지 마세요

흠… 당황이라?

하지만 왜 당황하면 안 되는 거죠?

당황하게 된다는 걸 보여주는 연구결과는 아주 많거든요!

선택 대상이 너무 많으면 무관심과 무기력이 생긴다는 믿음은 1999년 시나 아이엔가와 마크 레퍼의 연구로 설득력을 얻게 되었습니다. 그들은 슈퍼마켓에 시식 코너를 마련하고 첫 번째 그룹의 사람들에게 **6가지** 잼을 제공했습니다.

할인쿠폰을 잊지 마세요!

그 결과, 이 그룹의 30%가 잼을 구매하기 위해 할인쿠폰을 사용했습니다.

그리고 나서 두 번째 그룹에는 **24가지**의 잼을 제공했습니다.

할인쿠폰을 잊지 마세요!

이 그룹의 경우 3%만이 할인쿠폰을 사용하는 깜짝 놀랄 만한 차이를 보였죠. 너무 많은 선택 대상이 **선택할 욕구를 없애버린 것**처럼 보였습니다.

10년 후, 스위스의 심리학자 베냐민 샤이베엔네와 그의 동료들은 이 잼 연구를 재현해보려고 했지만 동일한 결과를 얻는 데 실패했습니다. 그래서 그들은 선택에 끼치는 영향력을 주제로 한 50가지 연구에 대한 메타분석을 실시했습니다.

우리는 과중한 선택에 대한 실증적인 증거를 전혀 찾지 못했습니다.

벽지

개방형 투자신탁

드폰

식당

향수

데이트 상대

치즈

젤리빈

과중한 **정보**는 왜 현대 생활에 만연한 폐해 중의 하나로 취급받는 것일까요? 미디어 이론가인 클레이 셔키는 많은 사람들이 과중한 정보와 **여과의 실패**를 혼동하고 있다고 말합니다.

반스 앤드 노블 서점의 상품들을 길거리에 쌓아놓고 '여기에는 오든의 작품도, 플라톤의 작품도 있습니다. 열심히 찾아보면 좋아하는 책을 찾을 수 있을 겁니다'라고 말해줍니다.

의욕적으로 찾는다면… 무엇을 얻게 될까요?

이런 잡동사니가 전부죠.

우리가 서점이나 도서관에서 정보의 과부하를 느끼지 않는 이유는 분류 체계에 익숙해져 있기 때문입니다.

그러므로 실질적인 문제는 이처럼 특별히 많은 정보를 헤치고 나갈 수 있게 해줄 '웹을 위한 여과장치'를 만드는 방법입니다.

사실 그런 여과장치들은 이미 존재하고 있죠. 잘 꾸민 포털 사이트, 소셜 네트워크, 전통적인 뉴스매체 그리고 그밖에도 많은 것들이 있죠.

꼭 혼자서 찾아다니지 않아도 됩니다. 친구들이 많거든요.

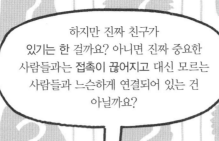

하지만 진짜 친구가 있기는 한 걸까요? 아니면 진짜 중요한 사람들과는 **접촉이 끊어지고** 대신 모르는 사람들과 느슨하게 연결되어 있는 건 아닐까요?

그렇습니다!
1985년, 미국인들에게는 '중요한 문제'를 의논할 수 있는 사람이 세 명이 있었습니다. 2004년에는 두 명밖에 없었죠. 비밀을 털어놓을 대상이 **전혀 없는 사람**은 세 배 가까이 늘어났습니다.

아닙니다!
사람들은 서로 영향을 줄 수 있는 사람을 늘리기 위해 인터넷을 활용합니다. 하지만 인간적인 접촉을 대체하기 위해 그런 수단들을 활용하는 것은 아닙니다.

그들은 페이스북에 600명의 친구들이 있고, 매일 25명에게 메일을 보내지만 개인적으로 중요한 문제들을 의논하지는 않습니다.

고립된 사람들도 있죠.
이런 기술들은 그들을 격리된 상태로 머물게 만들기도 합니다. 하지만 연구를 통해 지켜본 사람들 대부분은 이런 기술들이 사회적 행복감을 증가시켰다고 말합니다.

듀크 대 사회학자
린 스미스 러빈

Pew 연구원
리 레이니

좋아요, 레이니 씨. 하지만 반향실은 어떻게 된 거죠? 의견이 다른 사람들은 마주치지 않아도 되는 작은 세계를 온라인상에 만든 건 아닐까요?

정반대죠! 우리는 인터넷과 핸드폰 사용자들에게 더 넓고 다양한 연락망이 있다는 걸 알게 됐습니다. 적극적인 인터넷 사용자와 블로거들은 다른 인종의 사람들과 더 많이 소통하려고 하죠.

…온라인상에서 사진을 공유하는 사람들은 중요한 문제에 대해 다른 정당의 당원들과 훨씬 더 많이 토론합니다.

사실 기술적으로 가장 숙련된 사람들은 반향실 행태를 보이지 않습니다. 실제로 자신의 견해와 반대되는 논쟁을 적극적으로 조사하고 찾아냅니다.

그들은 마치 정보 탐식가처럼 행동하면서, 최대한 많은 영역을 탐색합니다. 자신의 견해와 일치하지 않는 자료들과 마주칠 수밖에 없는 거죠.

누군가에게 연락하고 접촉하기 위해 도구를 활용하는 것이 반드시 직접적인 만남의 안쓰러운 대체물이 아니라는 것은 확인되었습니다.

연구자들은 어린 소녀들에게 풀기 어려운 과제를 해결해보도록 요구했습니다. 어머니를 직접 만나 상의한 소녀들도 있고, 전화로 통화한 소녀들도 있었죠. 두 집단 모두 스트레스 호르몬인 코르티솔이 동일하게 저하되었습니다. (전화 통화가 시간이 더 걸리기는 했죠.)

그러므로 핸드폰 중독은 고립에 대한 처방일 수도 있습니다. 그리고 정보 중독은 반향실에 갇히지 않기 위한 예방접종이 될 수도 있을 겁니다.

어쩌면 디지털 질병을 일으키는 기술이 실제로는 치료법을 갖추고 있는 것이기도 하죠.

하지만 지속적인 온라인 활동이 사고 능력을 감소시킨다는 연구결과에 대해서는 어떻게 생각해야 할까요?

니컬러스 카는 자료 수집을 위한 효율적인 시간과 사색을 위한 비효율적인 시간이 필요하다고 합니다. 하지만 우리에겐 그럴 만한 충분한 시간이 없고 그것이 우리를 변화시키고 있죠.

신경과학자들 사이에는 '함께 총을 쏘는 신경세포가 더 강하게 결속한다'는 말이 있습니다. 어떤 기술을 익히면 회로들이 더욱 강해지고 뇌의 영역은 그 기술을 더욱 널리 구현하는 데 전념하게 됩니다.

2008년, 영국 국립도서관과 정보시스템 합동위원회가 발표한 보고서는 이러한 사실을 뒷받침해줍니다.

"로그기록 연구를 통해 디지털 도서관에서는 학부생에서 교수에 이르기까지 피상적이고 수평적인 '겉핥기식' 행동을 하는 경향이 강하게 드러난다는 것을 알 수 있었다. 사회는 지나치게 단순해지고 있다."

하지만 재빨리 훑어보는 것이 반드시 지나치게 단순해진다는 의미일까요?

지금 우리는 형편없이 사고하는 걸까요, 아니면 그저 다르게 사고하는 걸까요?

교육학자 케이트 헤일스는 우리의 '인지 형태'가 활기차고 풍부한 정보 시대에 대한 반응으로, 딥 어텐션에서 하이퍼 어텐션으로 이동하는 중이라고 설명합니다.

"딥 어텐션은… 외부의 자극을 무시하고 어느 한 가지 대상에 오랫동안 집중하며… 그 긴 집중 시간을 잘 참아내는 특징을 보이죠."

"하이퍼 어텐션은 집중 대상을 재빠르게 바꾸며… 많은 정보가 끊임없이 흘러나오는 것을 좋아하며, 강한 자극을 추구하고 따분한 것은 참지 못하는 특징을 보입니다."

헤일스는 이것이 자연스러운 적응이라고 합니다. 그렇다면 대단한 자동차 도둑(Grand Theft Auto) 게임을 즐기는 이 소년이 미래 인류를 대표한다는 의미일까요?

2004년 국가예술기금에서, 문학작품을 읽는 사람이 전체 국민의 절반도 되지 않는다는 연구결과를 발표했습니다. 이 기관은 이런 경향과 수동성은 TV와 라디오, 녹음테이프, 비디오게임, 인터넷으로 촉진된 것이라고 비난했죠.

2004년의 표본조사 자료가 수집되던 2002년에 인터넷은 훨씬 적은 영향을 끼치고 훨씬 적게 활용되고 있었으며… 상대적으로 초기 단계였죠.

하지만 요즈음에는 독서 인구가, 심지어 젊은 디지털 세대들 사이에서도 급격히 늘어나고 있죠! 그들이… 책을 읽고 있거든요!

그러므로 게임을 하는 소년이 인류의 미래가 아니라… 새로운 세상을 살게 될 새로운 인류의 선구자라 할 수 있을 겁니다.

도구를 만들어내는 건 분명 사람이지만, 도구가 사람을 만들어내기도 합니다. 인간과 인간이 만들어낸 도구가 '서로 진화해왔다'는 것은 현재 인류학자들도 인정하고 있습니다.

두 발로 걷기 시작했을 때, 우리의 뇌는 엄청나게 성장했습니다. 많은 과학자들은 인류가 사냥을 하고 자신을 지키기 위해 곤봉을 사용한 뒤부터 두 발로 걷기 시작했다고 믿고 있습니다.

곤봉을 들고 다닐 두 손이 필요했던 거죠. 그렇기 때문에 인류는 두 발로 설 수 있게 된 후 번영할 수 있었습니다. 도구가 먼저 나타난 겁니다. 그리고 나서 두 발로 걷게 되었으며, 두 손이 민첩해졌고, 뇌가 커졌으며, 치아가 작아졌습니다.

우리가 만든 도구들이 우리의 신체와 뇌를 변화시켰습니다.

인터넷상의 정보 소비가 또 다른 인지 능력을 발달시킨다는 것은 이미 두뇌 연구를 통해 밝혀진 사실입니다. 이것은 우리의 뇌가 오늘날의 기술에 대해 반응하고 재구성한다는 의미가 될 수도 있겠죠. 이 과정은 멈추지 않을 것입니다. 멈출 수가 없는 것이니까요.

그리고 우리가 첫 번째 도구를 손에 쥐었던 때로부터 아주아주 멀리 떨어진 곳에 도달해 있다는 것을 생각해보면, 인터넷에 가장 공격적인 비난을 퍼붓는 사람들도 그 과정이 멈추기를 바랄 수는 없을 것입니다.

미래의 인류는 현재의 인류와 똑같지는 않을 것입니다.

하지만 그것이 오늘날 일정한 혜택을 수확할 수 없다는 의미는 아닙니다.

UCLA의 신경과학과 인간 행동을 위한 세멜 연구소의 게리 스몰은, 컴퓨터를 잘 다루는 성인들에게 간단한 인터넷 검색을 요구했을 때 그들의 뇌가 전체적으로 활성화되며 컴퓨터 사용에 미숙한 사람들보다 더 높은 수준으로 활동한다는 것을 알아냈습니다.

실제로 MRI 연구 결과, 웹에 익숙한 그룹은 의사결정과 복잡한 추론을 관리하는 뇌 영역이 두 배 가까이 왕성하게 활동한다는 것을 밝혀냈습니다. 그리고 이 연구에 참여한 사람들은 모두 나이가 든 성인이었으므로 세대와 관련된 것도 아니었죠. 구글이 그들을 둔하게 만들지는 않은 것 같군요. 만약 MRI가 다른 것들도 측정할 수 있다면, 그들이 한층 더 현명하다는 사실을 알아냈을 겁니다.

아이, 로봇

2009년 4월 1일, 생물의학 엔지니어 애덤 윌슨은 뇌파 인식 센서가 장착된 모자를 활용해 트위터에 글을 올렸습니다.

보세요, 어머니!
손을 사용하지 않았어요.

TWITTER

E·E·G·를
활·용·해
트·위·터·에
글·올·리·기

하지만 그 모자는… 보기 흉했죠. 그래서 과학자들은 눈에 보이지 않는 뇌 이식물을 이용해 웹에 접근할 방법을 개발하고 있습니다.

인텔은 2020년이면 개발에 성공할 것이라고 예고했죠.

일반적인 뇌 기능의 **향상**은 물론 파킨슨병, 간질, 실명, 난청, 중풍 등을 치료할 길을 여는 데에… 금속보다 폴리머 나노튜브와 실크 섬유 전극이 뇌세포 조직에는 더 적합합니다.

인터넷에서 악행을 저지르는 사람들에겐 신선한 먹잇감이 될 수도 있겠죠. 바이러스로 컴퓨터를 감염시키듯, 야만적인 해커들이 신경 도구를 원격으로 약탈하거나 조종할 수도 있을 테니까요.

허허허!

우리가 만든 기계가 이로움보다 해로움이 더 많을 수도 있다는 점을 미리 결정해둬야 합니다.

우리 시대의 현인이 언젠가 말했듯이,

인간이야말로 미디어의 내용이자 메시지이며, 미디어는 그 자신의 확장입니다.

매체는 메시지다

- 마셜 매클루언 -

전자적 인간은 무엇보다 그 자신이 만든 세상의 결과를 알고 있어야만 합니다.

재미난 이야기가 있습니다. 1900년대 초에 미국은 중소기업과 협동조합을 통해 급속하게 전화망을 구축했습니다.

크렘린은 러시아 혁명 후에야 전화에 투자할 수 있었죠.

РОДИНА-МАТЬ ЗОВЕТ!
(어머니 러시아가 그대를 부른다!)

그들은 전화 대신 확성기를 개발했습니다.

정치와 미디어의 또 다른 완벽한 결합이었던 거죠. 어떤 국가는 1 대 1 의사소통의 무질서를 선택하고, 다른 국가는 1 대 다수의 질서를 선택한 것입니다. 이제 우리는 다수 대 다수의 국경 없는 영토로 빠르게 진입하고 있습니다.

하지만 현실과 가상이 사이버스페이스로 병합되면서 기술적으로 정통한 많은 사람들이 우리의 개성과 자율성과 **인간성**을 위태롭게 한다고 두려워합니다. 조지 다이슨은 〈기계 속의 다윈〉에서 이렇게 말합니다.

인생과 진화의 게임판에 세 명의 선수가 둘러앉아 있다. 인간, 자연 그리고 기계. 나는 확고하게 자연의 편을 들었다.

하지만 나는 자연이 기계의 편을 들고 있다고 의심한다.

현실과 가상은 **언제 병합될까요?** 몽상적 발명가 레이 커즈와일은 2045년이라고 말합니다. 그는 이러한 변천을 특이점이라고 부릅니다.

건물에나 어울렸던 큰 기계가 이제는 당신의 호주머니에 어울린다. 오늘날 호주머니에 들어가는 것은 25년 내로 혈액세포에 들어갈 것이다. 혈액세포 크기의 나노로봇 수백만 개를 대동맥 속으로 보낼 수 있게 될 것이다.

그것들이 인체를 치료하고… 뇌를 인터넷에 연결하며… 신경계 내부에 완벽하게 병합된 가상현실을 제공해줄 것이다. 우리는 생물학적·비생물학적 지성은 갖춘 하이브리드가 될 것이다.

2045년까지 우리는 인간-기계 문명의 전반적인 지성을 10억 배가량 증가시킬 것이다. 운명에 대한 지배력을 갖게 될 것이며, 죽어야만 하는 운명도 우리 손아귀에 쥐게 될 것이다.

많은 사람들이… 지극히 중요한 **인간적인 면모의 상실**이라고 인식하는 것들에만 집중한다. 나는 인간적인 존재의 본질이 우리의 한계라고 생각하지 않는다.

…한계를 넘어 나아가는 것이 우리 능력의 본질이다. 우리는 땅 위에만 머무르지 않았다. 심지어 이 지구상에만 머물지도 않았다. 그리고 이미 생물학적 한계에 만족하지 않는다.

하지만 당신의 예언은 많이 적중했어요. 당신은 80년대에 이미 우리가 월드와이드웹을 활용하게 될 순간을 정확하게 예언하기도 했죠.

우리는 수천 번의 단계를 거쳐 2045년의 세계에 다가서게 될 것이다. 각각의 단계는… 처음에는 잘 작동되지 않는 새로운 창작품으로 시작하겠지만, 특이점에 근접할 때까지… 조금씩 제대로 작동하게 될 것이다.

말도 안 돼요!

가상현실 개척자인 재런 러니어는 그 말에 동의하지 않습니다. 그는 특이점에 대한 믿음을, 세상에 종말이 오기 전에 천국으로 날아 올라간다고 믿는 **휴거**에 비유합니다.

특이점을 통해 대부분의 열혈 신도들은 **사후세계에** 대한 희망을 품을 수 있게 됩니다.

하지만 사실, **사멸**은 그런 신자들의 마음속에 있는 겁니다. 커즈와일 자신도 지구가 '사멸을 극복할 가능성이 더 많은' 곳이라고 제시합니다. 그는 긍정적인 생각을 가진 사람이죠.

지옥에나 가버려!

기아가 우리를 멸망시킬 수도 있고, 전염병이나 소행성, 외계인이 멸망시킬 수도 있겠죠. 물론 **우리 스스로** 일으키는 지구온난화나 핵전쟁 같은 재앙으로 멸망할 수도 있습니다.

우리가 하는 결정에는 결과가 따릅니다. 그렇다면 우리는 어떻게 결정해야 할까요? 1954년에 에이브러햄 매슬로는 '욕구의 단계'를 공식으로 나타냈습니다.

하지만 섹스와 자존감 사이에서 꼼짝달싹 못하면 어쩌죠?

'관용'과 '사실에 대한 인정' 같은 품성들이 포함된 자아실현 욕구는 아득히 멀게만 느껴지네요.

**자아
실현**

자존감

소속감, 사랑, 섹스

안전과 안정성

생명: 공기, 물, 음식, 은신처…

···나 미디어

도덕적·사회적 동물로서 우리의 진화가 급속도로 진화하는 커뮤니케이션 기술과 보조를 맞출 수 있다는 걸 어떻게 보장할 수 있을까요?

미디어 소비에 적극적인 역할을 하는 것으로 그렇게 할 수 있겠죠.

공정성과 신뢰성을 보여주는 기자들을 신뢰하면서, 그들의 잘못된 정보를 수정하면서, 그들이 근거로 삼는 원본 문서들을 읽으며 숭문한 관심을 갖는 것이죠.

우리가 **열정적으로** 관심을 갖는다면… 같은 생각을 가진 사람들을 모아 네트워크를 형성할 수 있으며, 보도되지 않은 정보에 관심을 집중시킬 수도 있습니다.

2003년, 사회문제에 관심이 많은 '네티즌들'이 올린 문서가 결국 투표시스템 제작 회사인 다이볼드의 일부 조작 방법을 변경하도록 만들었던 것과 같은 일입니다.

혹은 2009년 대통령 선거 결과에 반발해 대규모 시위가 일어났던 이란을 예로 들 수 있습니다. 시위자들은 총에 맞은 여성의 시신이 테헤란 거리에 방치되어 있는 모습을 핸드폰 사진과 동영상으로 촬영해 인터넷에 올렸고, 이것은 전 세계의 관심을 끌어모았죠.

하버드 대학의 요카이 벤클러는 '재미있는 동영상이든 대격변에 관한 문제이든 자발적으로 네트워크에 모인 사람들은 기존 틀에 맞춰 절충하여 보도하는 매스미디어보다 더 많은 사람들을 끌어모을 수 있다'고 합니다.

이것은 최소 공통분모의 정반대 편에서 시작됩니다.

대부분의 경우 개인적으로 짜증나게 만드는 일에서 시작되죠.

매스콤이 아니다

하지만 나는 사람들을 모으고 싶지 않아요. 나 자신에게 정직해지는 건 힘든 일이거든요. 사실은 매슬로가 제시한 욕구단계의 도움을 받고 싶어요.

그러려면 역사와 문학과 예술에서 배울 필요가 있습니다.
나는 정보에 자유롭게 접근할 필요가 있거든요.

그리고 그것은 덜 제한적인 지적 재산권 보호법을 의미하죠.

…공개된 인터넷에서 사람들은 자유롭게 창작품을 만들어내고 공유할 수 있습니다. 훌륭한 도구를 제공하지만 일부 사용자를 불쾌하게 만들 수 있는 프로그램들을 막아버리는 회사는 진화를 방해하는 것이죠.

사람들을 불쾌하게 만들 수 있다는 걱정이 우리들을 최소 공통분모로 돌아가도록 만드는 겁니다.

169

저널리스트 로버트 라이트는 과학기술 특히 정보 분야의 기술이 미개한 문명을 세계적인 문명으로 나아가도록 했다고 믿습니다. **하지만…**.

과학기술이… 도덕적 발달이나 정중함까지 보장해주지는 못합니다.

'문명'의 기원을 글쓰기와 동일시하는 학자들이 있습니다. 글쓰기는 그리스 문명과 같고 플라톤과 같으며, 문명은 미개함과 같고 훈족의 아틸라 왕과 같다는 의미죠.

하지만 훈족의 왕 아틸라에게 읽기와 쓰기를 가르친다 해도 그가 플라톤이 될 수는 없습니다.

칭기즈칸을 만들 수는 있겠죠. 그의 정보처리 기술은 당대 최고 속도이자 최대 규모였습니다.

그럼에도 라이트는 과학기술이 우리에게 서로의 발전으로부터 도움을 받을 수 있는 기회를 준다고 믿습니다.

우리가 한정된 가능성이라는 파이를 차지하기 위해 꼭 다퉈야만 하는 건 아니라는 거죠.

최고의 자리와 자원을 확보하기 위해 언제나 '내가 이기고 네가 져야 하는' 싸움을 벌이기보다, 협력을 위해 더 복잡하고 광범위한 '비제로섬 게임'을 할 수 있게 된 겁니다.

그 결과 우리는 서서히 더 크고 풍부한 상호의존적 웹에 참여할 수 있게 될 것입니다. 이것은 적어도 1만 5천 년 전에 발생하기 시작한 것인데, '마침내!' 여기 지구촌에 살게 되었습니다.

어떤 사람들은 지금 이 시대가 과도기에 있다고 말합니다. 불안정하고 통제불능이라는 거죠. 인류는 일종의 시험을 앞두고 있는 것으로 보입니다….

…정치적 상상력의 시험이지만… 도덕적 상상력의 시험이기도 하지요.

그렇다면 우리는 이 시험을 어떻게 치러야 할까요?

역사에 근거해 판단하자면, 현재의 난기류는 결국… 과거의 그 어떤 평형상태보다 훨씬 더 높은 수준의 구조를 갖춘 새로운 평형상태를 이루게 할 것입니다.

반면에, 우리가 이 세상을 망쳐버릴 수도 있죠.

옳은 말입니다. 우리는 무한히 접근할 수 있는 정보를 바탕으로 시공을 붕괴시킬 수도 있고, 가장 오래된 불가사의들을 조사해볼 수 있는 능력도 있으며, 어쩌면… 이 세상을 폭파해버릴 수도 있죠.

언젠가 닐 포스트먼은 우리에게 신문밖에 없었을 때의 '뉴스'란 우리가 국지적으로 활용하고 영향을 미칠 수 있는 것이었다고 했습니다.

포스트먼은 우리에게 직접적인 관계가 없는 뉴스들을 모든 곳에서 실시간으로 받아볼 수 있게 된 그 순간 뉴스는 오락이 돼버렸다고 합니다.

또한 G. K. 체스터턴은 '저널리즘은 전반적으로 존스 경이 누군지도 모르는 사람들에게 존스 경이 죽었다고 알리는 기사로 구성되어 있다'고 했죠.

하지만 체스터턴의 뉴스는 **신문**에 근거한 것이었죠. 사실 카이사르의 악타 디우르나 시절까지 되돌아가보면, 뉴스는 **언제나** 오락이었죠.

그들과 우리 시대의 차이는, 모든 곳에서 전해지는 현재의 뉴스가 우리와 관련이 있다는 것입니다. 중동의 실업문제, 아시아 국가의 환경정책, 아프리카의 전염병… 이런 뉴스들이 우리 모두에게 영향을 끼칩니다.

그리고 이제 우리는 쉽게 그 뉴스들을 널리 **퍼뜨릴 수 있으며**, 심지어는 그런 이야기들의 결말에도 영향을 끼칠 수 있습니다.

저는 브룩 글래드스톤이고, 기자입니다.

안녕하세요, 브룩

저는 대체로 비관적인 사람이지만 지금이 의욕적으로 살기에 좋은 시기라고 생각합니다.

우리의 한계는 순전히 인간적인 것이죠.

우리의 적은, 화면 위에서 춤추는 디지털 조각들이 아니라 우리의 도마뱀뇌*를 날뛰게 하는 신경성 충동들입니다.

* 선사시대 이전의 초창기 뇌로, 도마뱀이나 사슴의 뇌와 동일하며 공포로 가득 차 온통 생존과 번식에만 관심을 기울이는 뇌의 영역이다. 우리가 무언가에 도전하려고 할 때 불안감을 느끼게 하고 겁을 주는 역할을 한다.

이 책에 수록된 대부분의 인용문과 주제와 관련된 내용은 다양한 참고자료에서 가져온 것이다. 본문에서 직접 밝히지 않은 참고자료들을 처음 인용된 순서대로 아래에 수록해두었다. 다른 자료에 비해 더 중요하고 자주 반복되어 사용된 것들은 한 번 이상 수록되어야 하지만 필요 이상으로 반복되고 복잡하게 보일 것 같아 그렇게 하지는 않았다.

읽기 전에…

pp. 11~12: Mike Jay, 〈The Air Loom Gang: The Strange and True Story of James Tilly Matthews and his Visionary Madness〉 (New York: Basic Books, 2004).

pp. 13~15: Victor Tausk, "On the Origin of the 'Influencing Machine' in Schizophrenia." 1919년에 집필하여, 1933년 잡지 〈Psychoanalytic Quarterly〉 2(519~56)에 발표되었다.

p. 15, 두 번째 칸: Rochelle G. K. Kainer, 〈The Collapse of the Self: And Its Therapeutic Restoration〉 (London: Analytic Press, 1999).

p. 18, 첫 번째 칸~세 번째 칸: 월터 리프먼, 〈여론〉 (New York: Harcourt, Brace, 1922).

p. 18, 여섯 번째 칸: 존 듀이, 로런스 J. 피터가 편집한 〈Peter's Quotations: Ideas for Our Times〉 (New York: HarperCollins, 1993)에서 인용.

p. 18, 일곱 번째 칸: 〈Ultimate Spider-Man, Vol. 1: Power and Responsibility〉 (New York: Marvel Comics, 2002).

"태초에…"

pp. 21~22: 과테말라의 예는 2001년 7월 28일, NPR의 〈On the Media〉 방송에서 고고학자 케빈 존스턴과 나눈 인터뷰에서 인용한 것이다.

pp. 23~24: 악타 디우르나에 관한 정보는 C. 앤서니 기퍼드의 "Ancient Rome's Daily Gazette"에서 인용. 〈Journalism History〉 (1975~76년 겨울호): 106~9.

p. 25: Mitchell Stephens, "History of Newspapers," 〈Collier's Encyclopedia〉 (New York: Collier's, 1995).

p. 25, 두 번째 칸: 윌리엄 호가스의 삽화 〈맥주 거리와 진 골목〉(1751)을 모사함.

p. 26, 첫 번째 칸: 검열에 반대하는 시인 존 밀턴의 논쟁적인 논문인 〈아레오 파지티카〉는 1644년 11월 23일 발표되었으며, 온라인상에서도 구해볼 수 있다.

미국은 예외였죠

p. 27: John Peter Zenger, 〈A Brief Narrative of the Case and Trial of John Peter Zenger〉 (1736), University of Missouri-Kansas City School of Law. http://www.law.umkc.edu/.

pp. 29~30: Paul Starr, 〈The Creation of the Media: Political Origins of Modern Communications〉 (New York: Basic Books, 2004).

p. 29: Timothy E. Cook, 〈Governing with the News: The News Media as a Political Thought〉 (Chicago: University of Chicago Press, 1998).

pp. 29~32: Geoffrey R. Stone, 〈Perilous Times: Free Speech in Wartime from the Sedition Act of 1798 to the War on Terrorism〉 (New York: W. W. Norton, 2004).

p. 32, p. 36: Andrew Lipscomb and Albert Ellergy Bergh, eds., 〈The Writings of Thomas Jefferson〉 (Washington D.C.: Thomas Jefferson Memorial Association, 1903~4).

pp. 33~35: Eric Burns, 〈Infamous Scribblers: The Founding Fathers and the Rowdy Beginnings of American Journalism〉 (New York: PublicAffairs, 2006).

p. 34, 첫 번째 칸: 존 싱글턴 코플리가 그린 새뮤얼 애덤스의 초상화(1772)를 모사함.

p. 35: 에릭 번스와 나눈 인터뷰에서, 〈On the Media〉, NPR, 2006년 6월 2일.

실존주의적 고뇌

pp. 40~44: Stone, 〈Perilous Times〉.

pp. 42~43: Victor S. Navasky, 〈Naming Names〉 (New York:

Viking Press, 1980).

p. 45, 첫 번째 칸: Daniel Ellsberg, 〈Secrets: A Memoir of Vietnam and the Pentagon Papers〉(New York: Viking, 2002).

p. 46, 첫 번째 칸: 닉슨 대통령과 H. R. 홀더먼, 로널드 지글러의 회동. 1971년 6월 17일 오후 2시 42분~3시 33분, 국가안보기록보관소. http://www.gwu.edu/~nsarchiv/NSAEBB/NSAEBB48/nixon.html

p. 46, 네 번째 칸: 휴고 블랙 판사의 성명서, 〈New York Times v. United States〉(1971).

p. 47, 세 번째 칸: Chris Mooney, "Back to Church," 〈American Prospect〉, 2001년 11월 5일.

p. 48: 미 의회 정부 개혁 위원회 특별 조사 분과, "부시 행정부의 비밀주의", 헨리 A. 왁스먼 의원이 기안, 2004년 9월 14일.

p. 49: Lewis and Mark Reading-Smith, "False Pretenses" (백악관의 조지 W. 부시의 허위기재를 요약한 글. 워싱턴 D.C.의 공공청렴 센터에 제출), 2008년 1월 23일.

p. 50, 첫 번째 칸~세 번째 칸: 2009년 1월 21일, 백악관에 모인 수석 참모들과 각료들을 맞이하는 대통령의 발언. 백악관 홈페이지에서 '브리핑' 항목 클릭 후 열람 가능.

p. 50, 세 번째 칸: "President Obama keeping secret locations of coal ash sites," 〈Associated Press〉, 2009년 6월 12일.

p. 50, 네 번째 칸: Bob Egelko, "Government Opts for Secrecy in Wiretap Suit," 〈San Francisco Chronicle〉, 2009년 4월 7일.

p. 51, 두 번째 칸: 로널드 레이건의 연설, 1987년 12월 8일. http://www.youtube.com/watch?v=As6y5eI01XE.

p. 51, 세 번째 칸: 〈I. F. Stone's Weekly〉, 1967년 8월 3일.

p. 51, 네 번째 칸: 앨프리드 데닝은 〈The Road to Justice〉(1988)에서, 이 인용문은 본래 아일랜드의 정치인 존 필포트 커런의 선거권에 대한 연설(1790)에 포함되어 있던 것인데 제퍼슨의 발언으로 잘못 알려졌다고 밝힌다. "자신들의 권리가 활동적인 사람들의 먹잇감이 되는 것을 지켜보는 것이 나태한 사람들의 공통적인 운명이다. 신께서 자유에 대해 인간에게 제시한 조건은 끊임없는 경계다. 인간이 그 조건을 어긴다면, 그것은 어리석은 짓의 결과이며 죄에 대한 벌로서 즉시 노예가 될 것이다."

p. 52, 네 번째 칸: Edward R. Murrow, n 〈See it Now〉, CBS, 1954년 3월 9일.

카니스 저널리스티쿠스

p. 53, 첫 번째 칸: Arthur Schopenhauer, 〈The Art of Literature〉, T. Bailey Saunders 번역 (Mineola, NY: Courier Dover Publications, 2004). 일반적으로 의역되어 사용되고 있는 것을 인용했다. 손더스는 다음과 같이 번역했다. "…저널리스트는 누구나 그들의 직업적 특성에 따라 경보를 울리는 사람들이다. 이것이 그들이 작성한 기사에 관심을 갖도록 만드는 방법이다. 이런 점에서 그들은 작은 강아지와 같아서, 약간이라도 움직이는 것이 있으면 즉시 시끄럽게 짖어댄다."

p. 53, 두 번째 칸: 헨리크 입센, 콜린 자만의 〈The Book of Poisonous Quotes〉(New York: McGraw-Hill Professional, 1993), 232에서 인용.

p. 53, 세 번째 칸: 1888년 8월 30일 윌리엄 버틀러 예이츠가 캐서린 타이넌에게 보낸 편지에서. Houghton Library, Harvard College Library, Cambridge, MA.

p. 53, 보비 피셔, "Bobby Fischer: The Greatest Chess Player of Them All?"에서 인용. 〈The Independent on Sunday〉, 2008년 1월 19일.

p. 55, 첫 번째 칸: 이 칸의 글과 일부 그림들은 앨런 무어와 데이브 기번스의 〈왓치맨〉(1987)에 대한 오마주이다.

p. 55, 첫 번째 칸: Pew Research Center for the People and the Press, Project for Excellence in Journalism, Local TV News Project 2002: "How Strong is the Case for Quality?", 2002년 11월 1일.

p. 55, 세 번째 칸: Pew Research Center, "Press Accuracy Rating Hits Two-Decade Low: Public Evaluations of the News Media: 1985~2009," 2009년 9월 13일.

p. 56: 헬렌 토머스와 나눈 인터뷰에서. 〈On the Media〉, NPR, 2001년 1월 6일, 2003년 7월 18일.

p. 57: Albert Camus, 〈Resistance, Rebellion and Death〉(New York: Modern Library, 1963), 75.

p. 57: 닉슨 대통령과 H. R. 홀더먼, 로널드 지글러의 회동. 1971년 6월 17일 오후 2시 42분~3시 33분, 국가안보기록보관소. http://www.gwu.edu/~nsarchiv/NSAEBB/NSAEBB48/nixon.html.

p. 58, 첫 번째 칸: 〈라이프〉지의 만화. 시기 불명. 텍사스 대학의 자료에서 인용. http://viz.cwrl.utexas.edu/files/watertoon.jpg.
이 만화는 페리스 주 대학의 짐 크로 박물관 온라인 자료실에서 발견되었다. 웹 관리자의 말에 따르면 이 만화는 낱장으로 뜯긴 채 1920년대 이전의 〈라이프〉지에 수록된 만화들과 함께 발견되었으므로 정황상 〈라이프〉지에 속하는 것으로 분류되었다고 설명했다. 출처와 시기에 대한 명확한 증빙자료를 찾을 수 없었다.

p. 58, 두 번째 칸: Sean Delonas, cartoon, 〈New York Post〉, 2009년 2월 18일.

p. 58, 세 번째 칸~네 번째 칸: "Afflicting the Afflicted: How Eight U.S. Newspaper Editorial Pages Responded to the 1942 Japanese Internment," 저널리즘과 매스컴 교육연합회 (AEJMC, 워싱턴 D.C., 2001년 8월 5일~8일) 연례 총회의

한 부분으로 역사 분과에 제출됨.

p. 59, 첫 번째 칸: 〈앤더슨 쿠퍼 360〉의 진행자 앤더슨 쿠퍼가 메리 랜드루 상원의원과 나눈 인터뷰에서. CNN, 2005년 9월 1일.

p. 59, 두 번째 칸: 국토안보부 장관 마이클 처토프가 팀 러서트와 나눈 인터뷰에서. 〈Meet the Press〉, NPR, 2005년 9월 4일.

p. 59, 세 번째 칸: 국토방위군을 취재한 폭스 뉴스의 셰퍼드 스미스, 하워드 커츠의 "At Last, Reporters' Feelings Rise to the Surface"에서 인용. 〈Washington Post〉, 2005년 9월 5일.

p. 60, 첫 번째 칸: 〈오프라 윈프리 쇼〉에 출연한 뉴올리언스 시장 C. 레이 내긴, 2005년 9월 6일. 마일스 오브라이언과 함께한 짐 케이비절, CNN 방송, 2005년 9월 11일. 존 깁슨, 폭스 뉴스, 2005년 9월 1일.

p. 60, 두 번째 칸: Susannah Rosenblatt and James Rainey, "Katrina Takes a Toll on Truth," 〈Los Angeles Times〉, 2005년 9월 27일.

전선 위의 참새들

p. 61, 첫 번째 칸: Charles Gibson and Diane Sawyer, 〈Good Morning America〉, ABC, 2001년 9월 11일.

p. 61, 두 번째 칸: 〈The O'Reilly Factor〉, Fox News, 2007년 12월 18일.

p. 61, 세 번째 칸: David Barstow, "Behind TV Analysts, Pentagon's Hidden Hand," 〈New York Times〉, 2008년 4월 20일. David Barstow, "One Man's Military-Industrial-Media Complex," 〈New York Times〉, 2008년 11월 29일.

p. 62, 첫 번째 칸: 2003년 미국을 이라크 침공으로 몰고 가는 〈New York Times〉의 헤드라인을 콜라주함.

p. 63: 월터 핀커스와 나눈 인터뷰에서. 〈On the Media〉, NPR, 2003년 9월 19일.

p. 63: Ari Berman, "The Postwar Post," 〈The Nation〉, 2003년 9월 17일.

p. 64: 스콧 암스트롱과 나눈 인터뷰에서, 〈On the Media〉, NPR, 2004년 5월 28일.

여러분이 활용할 수 없는 뉴스도 있습니다

p. 65: "듀이가 트루먼을 물리쳤다"는 전단 헤드라인은 1948년 11월 3일, 〈Chicago Daily Tribune〉의 1면을 장식했다.

p. 66: 데이비드 무어와 나눈 인터뷰에서. 〈On The Media〉, NPR, 2008년 9월 5일.

p. 66: 이 여론조사들은 모두 2008년 5월 첫째 주에 실시된 것이다. 〈타임스〉 / 블룸버그: 매케인 40%, 오바마 46%. 〈USA

투데이〉 / 갤럽: 매케인 48%, 오바마 47%. CBS: 매케인 38%, 오바마 50%. 라스무센: 매케인 47%, 오바마 43%.

pp. 67~69: '골디락스 넘버'는 '소수(素數, Prime Number)'에서 따온 것이다. 〈On the Media〉, NPR, 2010년 7월 30일.

p. 70, 두 번째 칸: 마크 트웨인, "돌이 된 미라 발견", 〈Virginia City Territorial Enterprise〉, 1862년 10월 4일.

p. 70, 세 번째 칸~네 번째 칸: Mark Twain, "My First Lie and How I Got Out of It," 〈The Man that Corrupted Hadleyburg〉 (Fairfield, IA: 1st World Library-Literary Society, 2004).

p. 71, 세 번째 칸~네 번째 칸: 에릭 번스, 〈메인호를 기억하라: 허위의 시대, 언론의 거짓말〉(Hoboken, NJ: Wiley, 2009).

p. 71, 네 번째 칸: W. Joseph Campbell, 〈Yellow Journalism, Puncturing the Myths, Defining the Legacies〉 (Westport, CT: Praeger, 2001).

p. 72, 두 번째 칸: "Border Insecurity: Deadly Imports," 〈Lou Dobbs Tonight〉, CNN, 2005년 4월 13일.

p. 72, 세 번째 칸: 〈Sixty Minutes〉, CBS, 2007년 5월 6일.

p. 72, 네 번째 칸: David Leonhardt, "Truth, Fiction and Lou Dobbs," 〈New York Times〉, 2007년 5월 30일.

p. 74: 필립 나이틀리와 나눈 인터뷰에서. 〈On The Media〉, NPR, 2003년 3월 21일.

대단한 거부

p. 75, 두 번째 칸: 귀스타브 도레의 〈지옥의 문 앞에 선 단테〉 (1861~68)를 모사.

p. 75, 두 번째 칸: 단테, 〈신곡: 지옥편〉, 제3곡, 59~60번째 줄.

p. 75, 세 번째 칸: Evan Thomas, 〈Robert Kennedy: His Life〉 (New York: Simon and Schuster, 2002), 22.

p. 77: W. B. Yeats, "The Second Coming" (1921), 〈The Collected Poems of W. B. Yeats〉 (New York: Scribner, 1996).

p. 78, 두 번째 칸: 설즈버거의 연설 사본과 비디오는 C-span 비디오 자료실에 있다. http://www.c-spanvideo.org/program/UNY.

p. 78, 세 번째 칸: 러시 림보, "A Case In Point: Doublespeak-From the Horse's Mouth" (opinion piece)에서 인용. 〈San Francisco Chronicle〉, 2009년 5월 10일.

p. 79: 조지메이슨 대학의 미디어와 사회문제 연구소에서 조사한 자료. 2010년 1월 25일에 발표됨.

p. 80, 첫 번째 칸~세 번째 칸: 조지 엘리엇(메리 앤 에번스), 〈미들마치〉 (New York: Harper & Brothers, 1873), 70.

p. 81, 첫 번째 칸~두 번째 칸: William Samuelson and Richard Zeckhauser, "Status Quo Bias in Decision Making," 〈Journal of Risk and Uncertainty〉 1, no. 1 (1988년 3월).

p. 81, 네 번째 칸: Andrew R. Cline, PhD, "A Better Understanding of Media Bias," Rhetorica.net.

p. 81, 다섯 번째 칸: 〈Time〉지 표지, 2000년 11월 20일.

p. 82: Eason Jordan, "The News We Kept to Ourselves," 〈New York Times〉, 2009년 12월 4일.

p. 83, 첫 번째 칸: 데이나 프리스트와 바턴 겔먼, "미국은 학대 행위는 비난하지만 심문 사실은 옹호한다: 테러 대응책인 '압박과 감금' 전술이 해외의 수용소에서 은밀하게 진행되다", 〈Washington Post〉, 2002년 12월 26일.

p. 84, 두 번째 칸~세 번째 칸: "Sen. John McCain Attacks Pat Robertson, Jerry Falwell, Republican Establishment as Harming GOP Ideals," CNN, 2000년 2월 28일.

pp. 85~86: Peter Maass, "The Toppling: How the media inflated a minor moment in a long war," 〈The New Yorker〉, 2011년 1월 10일.

p. 87: 앤드리아 스톤, "전장의 안개와 당파심이 케리의 전쟁 기록을 더럽히다", 〈USA Today〉, 2004년 8월 19일. Fairness and Accuracy in Media, media advisory: "Swift Boat Smears Press Corps Keeps Anti-Kerry Distortions Alive," 2004년 8월 30일. "Republican-Funded Group Attacks Kerry's War Record," FactCheck.org, 2004년 8월 22일 업데이트 됨. Eric Boehlert, 〈Lapdogs: How the Press Rolled Over for Bush〉 (New York: Free Press, 2006).

p. 88: 〈Scientific American〉, 2005년 4월 1일.

전쟁과 미디어

p. 89: 제1차 세계대전 시기의 삽화. 공공정보위원회(CPI)의 선전 포스터.

p. 89: 카를 폰 클라우제비츠, 〈전쟁론〉 제2권 2장. "세 번째 특성: 모든 정보의 불확실성", 마이클 하워드와 피터 패럿이 번역 및 편집 (Princeton: Princeton University Press, 1976).

p. 90: Sheldon Rampton and John Clyde Stauber, 〈Weapons of Mass Deception: The Uses of Propaganda in Bush's War on Iraq〉 (New York: Penguin, 2003), 72~80.

p. 90: Chris Hedges, 〈War Is a Force that Gives Us Meaning〉 (New York: PublicAffairs, 2002).

p. 91: Phillip Knightley, 〈The First Casualty: The War Correspondent as Hero and Myth-Maker from the Crimea to Kosovo〉 (Baltimore: Johns Hopkins University Press, 2002). 이번 장을 작성하기 위해 이 책을 거듭해서 참조했음.

p. 92, 두 번째 칸: 윌버 스토리, 〈Chicago Times〉의 편집장.

스티븐 베이츠의 〈If No News, Send Rumors: Anecdotes of American Journalism〉 (New York: Henry Holt & Co., 1991)에서 인용. 한편 역사학자 W. 조지프 캠벨은 최근의 논문 "'Severe in Invective': Franc Wilkie, Wilbur Storey, and the improbable 'send rumors'"에서 이 인용문의 진실성에 대한 논쟁에 인상적인 증거를 제공한다.

p. 92, 세 번째 칸: 〈Richmond Enquirer〉, 1863년 7월 10일.

p. 93: 시어도어 R. 데이비스의 삽화 "컴벌랜드의 부대, 앤더슨 골짜기에서 반란군의 공격을 당하다"를 모사. 〈Harper's Weekly〉, 1863년 10월 31일.

p. 94: Steven W. Sears, "The First News Blackout," 〈American Heritage〉, 1985년 6 · 7월호.

p. 95, 첫 번째 칸: 삽화는 〈앤티텀 전투-포토맥의 군대: 사령관 매클렐런 장군, 1862년 9월 17일〉(Kurz & Allison, 1888)을 모사함.

p. 95: George W. Smalley, 〈New York Tribune〉, 1862년 9월 19일.

p. 96: Bill Kovach, "Out of the Pool!" 〈New York Times〉, 2001년 9월 23일.

p. 97: Aaron Delwiche, "Of Fraud and Force Fast Woven: Domestic Propaganda During The First World War." FirstWorldWar.com.

p. 97, 다섯 번째 칸: Robin K. Krumm, Major USAF, "Information Warfare: An Air Force Policy for the Role of Public Affairs," School of Advanced Airpower Studies, 1996~97에서 조지 크릴(1947)이 인용함.

pp. 98~99: George Seldes, "One Man's Newspaper Game," 〈Freedom of the Press〉 (Garden City, NY: Garden City Publishing Co., 1937), 31~37. George Seldes, 〈You Can't Print That!: The Truth Behind the News 1918~1928〉 (Garden City, NY: Garden City Publishing Co., 1929). George Seldes, 〈Witness to a Century: Encounters with the Noted, the Notorious, and the Three SOBs〉 (New York: Ballantine Books, 1987).

p. 99, 세 번째 칸: '등에 칼을 꽂는' 삽화는 오스트리아의 우편엽서(1919)를 모사함.

p. 100: Phillip Seib, 〈Broadcasts from the Blitz: How Edward R. Murrow Helped Lead America Into War〉 (Dulles, VA: Potomac Books, 2006).

p. 100: George Roeder Jr., 〈The Censored War: American Visual Experience During World War Two〉 (New Haven: Yale University Press, 1995). Michael S. Sweeney, 〈Secrets of Victory: The Office of Censorship and the American Press and Radio in World War II〉 (Chapel Hill: University of North Carolina Press, 2000).

p. 101, 첫 번째 칸: Ernie Pyle, "The God-Damned Infantry,"

Scripps-Howard newspaper chain, 1943년 5월 22일.

p. 101, 두 번째 칸: Ernie Pyle, "On Victory In Europe" (미발표된 칼럼), Indiana University School of Journalism.

p. 101, 세 번째 칸~네 번째 칸: Greg Mitchell, "The Press and Hiroshima: August 6, 1945," 〈Editor and Publisher〉, 2005년 8월 5일.

p. 102: Robert J. Lifton and Greg Mitchell, 〈Hiroshima in America〉 (New York: Harper Perennial, 1995). Mark Selden, "Nagasaki. 1945: While Independents Were Scorned, Embed Won Pulitzer," 2005, YaleGlobal Online, http://yaleglobal.yale.edu, 세계화 연구를 위한 예일 센터의 간행물.

p. 103, 첫 번째 칸~세 번째 칸: Anthony Weller, 〈First into Nagasaki: George Weller's Censored Eyewitness Dispatches on the Atomic Bombing and Japan's POWs〉 (New York: Three Rivers Press, 2007).

p. 103, 두 번째 칸: Wilfred Burchett, "The Atomic Plague," 〈Daily Express〉, 1945년 9월 5일.

p. 103, 네 번째 칸: David Goodman, "Keeping Secrets," 〈On the Media〉, NPR, 2005년 8월 5일.

p. 104, 네 번째 칸~다섯 번째 칸: 존 허시, "히로시마," 〈The New Yorker〉, 1946년 8월 31일.

p. 104, 여섯 번째 칸: 존 허시와 나눈 조너선 디의 인터뷰에서. 〈Paris Review〉 (1986년 여름~가을호).

p. 105: Daniel C. Hallin, 〈The "Uncensored War": The Media and Vietnam〉 (New York: Oxford University Press, 1986). 베트남과 관련된 논의는 이 책을 주로 참고했음.

p. 105, 첫 번째 칸~세 번째 칸: Peter Brush, "What Really Happened at Cam Ne," Historynet.com. 브러시는 케산 전투에 참전했던 해병 출신으로 테네시 주 내슈빌 밴더빌트 대학의 사서이다.

p. 105, 네 번째 칸: David Halberstam, 〈The Powers That Be〉 (New York: Knopf, 1979).

p. 107, 세 번째 칸~네 번째 칸: 로널드 레이건, "평화: 안보의 한계를 복원하다", 일리노이 주 시카고에서 열린 해외 전쟁 참전용사의 총회에서 했던 연설, 1980년 8월 18일.

p. 108: William M. Hammond, 〈Public Affairs: The Military and The Media, 1962~1968〉 (Washington D.C.: U.S. Army Center of Military History, 1988).

p. 108: James J. Wirtz, 〈The Tet Offensive: Intelligence Failure in War〉 (Ithaca, NY: Cornell University Press, 1991).

p. 109: Jim Naureckas, "Gulf War Coverage: The Worst Censorship Was at Home," 〈EXTRA!〉 Special Gulf War Issue, 1991, Fairness and Accuracy in Reporting(FAIR). http://www.fair.org/index.php?page=1518.

p. 109: Michael Morgan, Justin Lewis, Sut Jhally, "The Gulf War: A Study of the Media, Public Opinion, and Public Knowledge," Center for the Study of Communication, University of Massachusetts, 1991.

p. 109: Malcolm W. Browne, "The Military vs. the Press," 〈New York Times〉, 1991년 3월 3일.

p. 110, 첫 번째 칸~두 번째 칸: Jeffery Kahn, "Postmortem: Iraq War Media Coverage Dazzled But It Also Obscured," UCBerkeley NewsCenter, 2004년 3월 18일.

p. 110, 두 번째 칸~세 번째 칸: Project for Excellence in Journalism, "Embedded Reporters: What Are Americans Getting?", 2003년 4월 3일.

p. 110, 세 번째 칸~네 번째 칸: Jack Shafer, "The PR War: The General who Devised the 'Embedded' Program Deserves a Fourth Star," 〈Slate〉, 2003년 3월 25일.

pp. 111~112: 존 버넷과 나눈 인터뷰에서. "The Embed Experiment," 〈On the Media〉, NPR, 2008년 3월 21일.

p. 113, 두 번째 칸~네 번째 칸: Michael Herr, 〈Dispatches〉 (New York: Knopf, 1977).

객관성이라구?

pp. 114~115: Michael Schudson, 〈Discovering the News: A Social History of American Newspapers〉 (New York: Basic Books, 1978).

p. 115, 네 번째 칸: 〈Vanity Fair〉(1860)에 발표된 스티븐스와 보벳 후퍼의 삽화 "그를 괴롭히다"를 모사함.

pp. 115~117: Michael Schudson, "The Emergence of the Objectivity Norm in American Journalism," Michael Hechter and Karl-Dieter Opp, eds., 〈Social Norms〉 (New York: Russell Sage Foundation, 2001).

p. 116: Adolph S. Ochs, "An Editorial Voice," 〈New York Times〉, 1896년 8월 18일.

p. 118, 첫 번째 칸: 어니스트 헤밍웨이, 〈무기여 잘 있거라〉 (New York: Charles Scribner's Sons, 1929).

p. 118, 두 번째 칸: 에리히 마리아 레마르크, 〈서부 전선 이상 없다〉 (New York: Glencoe/McGraw-Hill, 2000), 6.

p. 118, 세 번째 칸: Wilfred Owen, "Dulce et Decorum Est," 〈The Collected Poems of Wilfred Owen〉 (New York: New Directions, 1965).

p. 118, 네 번째 칸: 마르셀 뒤샹의 작품 〈L.H.O.O.Q〉(1919)를 모사.

p. 118, 다섯 번째 칸: Tristan Tzara, "Dada Manifesto" (1918)와 "Lecture on Dada" (1922), 〈Seven Dada Manifestos and Lampisteries〉 (Edison, NJ: Riverrun Press, 1981).

p. 119, 첫 번째 칸: 에드워드 버네이스, 〈프로파간다〉 (New York: H. Liveright, 1928).

p. 119, 두 번째 칸~세 번째 칸: 래리 타이, 〈여론을 만든 사람, 에드워드 버네이즈〉 (New York: Crown, 1998).

p. 119, 네 번째 칸~여섯 번째 칸: Walter Lippmann, 〈Liberty and the News〉 (1920: Charleston, SC: Forgotten Books, 2010).

pp. 120~121: David T. Z. Mindich, 〈Just the Facts: How "Objectivity" Came to Define American Journalism〉 (New York: New York University Press, 1998).

p. 122: Nancy E. Bernhard, 〈U.S. Television News and Cold War Propaganda, 1947~1960〉 (Cambridge: Cambridge University Press, 1999).

p. 122: Thomas Patrick Doherty, 〈Cold War, Cool Medium: Television, McCarthyism, and American Culture〉 (New York: Columbia University Press, 2003).

p. 123: Daniel C. Hallin, 〈We Keep America on Top of the World: Television Journalism and the Public Sphere〉 (New York: Routledge, 1993).

p. 124: "Senator Stone's Mistake," 〈New York Times〉, 1909년 7월 30일.

p. 125, 다섯 번째 칸~여섯 번째 칸: Pew Research Center for People and the Press, "Public Struggles with Possible War in Iraq," 2003년 1월 30일.

pp. 126~127: "Journalists as People," 〈On the Media〉, NPR, 2004년 9월 10일.

입장을 밝히다

p. 130: Ida Minerva Tarbell, 〈The Tariff in Our Times〉 (New York: Macmillan, 1911).

p. 131: David Weinberger, "Transparency is the New Objectivity," 〈Journal of the Hyperlinked Organization〉, www.hyperorg.com/blogger, 2009년 7월 19일.

p. 132: James Poniewozik, "The Case for Full Disclosure," 〈Time〉, 2008년 3월 13일.

p. 133: Shanto Iyengar and Richard Morin, "Red Media, Blue Media: Evidence for a Political Litmus Test in Online News Readership," 〈Washington Post〉, 2006년 5월 3일.

내 안의 매트릭스

p. 136: Lawrence E. Williams and John A. Bargh, "Experiencing Physical Warmth Promotes Interpersonal Warmth," 〈Science〉 322, no. 5901 (2008년 10월 24일): 606~7.

p. 137: Chun Siong Soon, Marcel Brass, Hans-Jochen Heinze, John-Dylan Haynes, "Unconscious Determinants of Free Decisions in the Human Brain," 〈Nature Neuroscience〉 (2008년 4월 13일), 543~45.

p. 138: 샹커 베단텀, 〈히든 브레인: 우리의 행동을 지배하는 놀라운 무의식의 세계〉 (New York: Spiegel and Grau, 2009).

p. 140, 다섯 번째 칸~여덟 번째 칸: Timothy C. Brock, Joe L. Balloun, "Behavioral Receptivity to Dissonant Information," 〈Journal of Personality and Social Psychology〉 6, no. 4, pt.1 (1967년 8월): 413~28.

p. 141: "Debunk This!" 〈On the Media〉, NPR, 2009년 7월 3일.

p. 141: Norbert Schwarz, Lawrence J. Sanna, Ian Skurnik, Carolyn Yoon, "Metacognitive Experiences and the Intricacies of Setting People Straight: Implications for Debiasing and Public Information Campaigns," 〈Advances in Experimental Social Psychology〉, 39 (2007): 127~61.

p. 142, 첫 번째 칸: Walt Whitman, "Song of Myself," 〈The Complete Poems〉 (New York: Penguin, 2005).

pp. 142~143: Leon Festinger, Henry Riecken, Stanley Schacter, 〈When Prophecy Fails: A Social and Psychological Study of a Modern Group that Predicted the Destruction of the World〉 (New York: HarperTorchbooks, 1956).

p. 144: 앨런 배들리, 〈당신의 기억: 기억을 사용하는 교양인을 위한 안내서〉 (Richmond Hill, Ont.: Firefly Books, 2004).

p. 145, 두 번째 칸: 파하드 만주, 〈이기적 진실: 객관성이 춤추는 시대의 보고서〉 (New York: Wiley, 2008).

p. 146: 미켈란젤로의 작품 〈델포이 무녀〉를 모사함(시스티나 성당, 1510년).

p. 146: "Choice," 〈Radiolab〉, NPR, 2008년 11월 17일.

p. 146: 윌리엄 제임스, 〈Pragmatism and Other Writings〉 (New York: Penguin, 2000)에 수록된 〈실용주의〉(1907).

p. 146: James Fitzjames Stephen, 〈Liberty, Equality, Fraternity, and Three Brief Essays〉 (Chicago: University of Chicago Press, 1991), 271.

인플루언싱 머신들

p. 147: Miller McPherson, Lynn Smith-Lovin, James M. Cook, "Homophily in Social Networks," 〈Annual Review of Sociology〉 27 (2001년 8월): 415~44.

p. 148: Cass Sunstein, 〈Republic.com 2.0〉 (Princeton: Princeton University Press, 2007).

p. 149: Ron Callari, "Iris Recognition and Augmented Reality IDs Straight from 'Minority Report,'" InventorSpot.com,

2010년 4월 4일.

p. 149: Babak A. Parviz, "Augmented Reality in a Contact Lens," 〈IEEE Spectrum〉, 2009년 9월.

p. 150: Nicholas Carr, "Is Google Making Us Stupid?: What the Internet Is Doing to our Brains," 〈Atlantic〉, 2008년 7·8월호.

p. 151, 다섯 번째 칸: Brian Stelter, "Report Ties Children's Use of Media to Their Health," 〈New York Times〉, 2008년 12월 2일.

pp. 152~153: Vaughan Bell, "Don't Touch That Dial! A history of media technology scares, from the printing press to Facebook," Slate.com, 2010년 2월 15일.

p. 153, 두 번째 칸~네 번째 칸: Tibor Braun, "Growth of the Literature and the Electronic Controllability Explosion: The Barnaby Rich Syndrome," Calsi.org, calsi.org/2007/wp-content/uploads/2007/11/tibor_braun.pdf에서 확인 가능. T. Braun and S. Zsindely, "Growth of Scientific Literature and the Barnaby Rich Effect," 〈Scientometrics〉 7, nos. 3~6 (1985): 529~30.

p. 153, 다섯 번째 칸: 플라톤, 〈파이드로스〉, 벤저민 조웨트 역 (Fairford, UK: Echo Library, 2006).

p. 154, 첫 번째 칸~두 번째 칸: Douglas Adams, 〈The Salmon of Doubt: Hitchhiking the Galaxy One Last Time〉 (New York: Crown, 2002).

p. 154, 세 번째 칸: 더글러스 애덤스, 〈은하수를 여행하는 히치하이커를 위한 안내서〉 (New York: Pocket Books, 1979), 27.

흠… 당황이라?

p. 155, 첫 번째 칸~두 번째 칸: Sheena S. Iyengar and Mark R. Lepper, "When Choice Is Demotivating: Can One Desire Too Much of a Good Thing?" 〈Journal of Personality and Social Psychology〉 79, no. 6 (2000년 12월): 995~1006.

p. 155, 세 번째 칸: Benjamin Scheibehenne, Rainer Greifeneder, Peter M. Todd, "Can There Ever Be Too Many Options? A Meta-Analytic Review of Choice Overload," 〈Journal of Consumer Research〉 37, no. 3 (2010년 8월): 409~25.

p. 156: Russ Juskalian, "Overload!" (클레이 셔키 인터뷰, 1부), 〈Columbia Journalism Review〉, 2008년 12월 19일.

p. 157: Miller McPherson, Lynn Smith-Lovin, and Matthew E. Brashears, "Social Isolation in America: Changes in Core Discussion Networks over Two Decades," 〈American Sociological Review〉 71 (2006년 6월): 353~75.

pp. 157~158: Keith Hampton, Lauren Sessions, Eun Ja Her, Lee Rainie, "Social Isolation and New Technology," Internet and American Life Project, Pew Research Center, 2009년 11월 4일.

p. 158, 세 번째 칸: James Melkie, "Mother's phone call as comforting as a hug, says oxytocin study," 〈Guardian〉 (UK), 2010년 5월 12일.

p. 159: 니컬러스 카, 〈생각하지 않는 사람들: 인터넷이 우리의 뇌 구조를 바꾸고 있다〉 (New York: W. W. Norton, 2010).

p. 159: Arnie Cooper, "Computing the Cost: Nicholas Carr on How the Internet Is Rewiring Our Brain," 〈Sun〉, no. 399 (2009년 3월): 4~11.

p. 160, 첫 번째 칸~세 번째 칸: Katherine Hayles, "Hyper and Deep Attention: The Generational Divide in Cognitive Modes," 〈Profession〉 (2007): 187~99.

p. 160, 네 번째 칸: "Reading at Risk: A Survey of Literary Reading in America Executive Summary," National Endowment for the Arts, 2004년 6월.

p. 160, 여섯 번째 칸: "Reading on the Rise: A New Chapter in American Literacy," National Endowment for the Arts, 2009년 1월.

p. 161: Milford H. Wolpoff, "Competitive Exclusion among Lower Pleistocene Hominids: The Single Species Hypothesis," 〈Man〉 6 (1971): 602.

p. 161: Andrew Lock and Charles R. Peters, 〈Handbook of Human Symbolic Evolution〉 (Oxford: Blackwell, 1999), 144~46.

p. 162: "The Net Effect," 〈On the Media〉, NPR, 2009년 4월 3일.

아이, 로봇

p. 163, 첫 번째 칸: Brandon Keim, "Twitter Telepathy: Researchers Turn Thoughts Into Tweets," Wired.com, 2009년 4월 20일.

p. 163, 두 번째 칸: Sharon Gaudin, "Intel: Chips in Brains Will Control Computers by 2020," 〈Computerworld〉, 2009년 11월 19일.

p. 164, 첫 번째 칸: Katherine Bourzac, "Brain Interfaces Made of Silk," 〈Technology Review〉, 2010년 4월 19일. "Conducting Polymer Nanotubes Take Us a Step Closer to Better Brain Implants," 〈Medical News Today〉, 2009년 9월 30일. Ivan S. Kotchetkov et al., "Brain-Computer Interfaces: Military, Neurosurgical, and Ethical Perspective," 〈Journal of Neurosurgery〉 28, no. 5 (2010년 5월). Hadley Leggett, "The Next Hacking Frontier: Your Brain?" 〈Wired Science〉, 2009년 7월 9일. Donald Melanson, "British scientist becomes first human 'infected' with a computer virus," 〈Engadget〉,

2010년 5월 26일.

p. 164, 두 번째 칸: Marshall McLuhan, 〈Take Today: The Executive as Dropout〉 (New York: Harcourt Brace Jovanovich, 1972).

p. 165, 첫 번째 칸~두 번째 칸: Paul Starr, 〈The Creation of the Media〉 (New York: Basic Books, 2005).

p. 165, 세 번째 칸: George Dyson, 〈Darwin Among the Machines: The Evolution of Global Intelligence〉 (New York: Basic Books, 1998).

p. 166: 마브 울프먼과 조지 페레스의 〈New Teen Titans〉의 주인공, 사이보그(1980)에 대한 오마주. 또한 레오나르도 다빈치의 〈비트루비우스적 인간〉(1487년경)에 대한 오마주.

p. 166: 레이 커즈와일, 〈특이점이 온다: 기술이 인간을 초월하는 순간〉 (New York: Penguin, 2006).

p. 167, 첫 번째 칸: 재런 러니어, 〈디지털 휴머니즘: 디지털 시대의 인간회복 선언〉 (New York: Knopf, 2010).

p. 167, 세 번째 칸: Bill Joy, "Why the future doesn't need us: Our most powerful 21st-century technologies—robotics, genetic engineering, and nanotech—are threatening to make humans an endangered species, Wired.com, 2000년 4월.

p. 167, 네 번째 칸: Abraham Maslow, "A Theory of Human Motivation," 〈Psychological Review〉 50 (1943): 370~96.

…나, 미디어

pp. 168~169. Yochai Benkler, 〈The Wealth of Networks: How Social Production Transforms Markets and Freedom〉 (New Haven: Yale University Press, 2006).

p. 169, 첫 번째 칸: 앙리 마티스의 작품 〈춤 II〉(1910)를 모사.

pp. 170~171: 로버트 라이트, 〈넌제로: 하나된 세계를 향한 인간 운명의 논리〉 (New York: Pantheon, 2000).

p. 172, 두 번째 칸~세 번째 칸: 닐 포스트먼, 〈죽도록 즐기기: 성찰없는 미디어세대를 위한 기념비적 역작〉 (New York: Viking, 1985).